老後の年表

人生後半50年で
いつ、何が
起きるの…？

で、私は
どうすれば
いいの??

老後問題解決コンサルタント
横手彰太

かんき出版

はじめに

いつ何が起きるのか事前に知っておけば、対策が立てられる！

「定年60歳、人生80年」の常識はもう時代遅れです。

新常識は「定年70歳、人生100年の人も珍しくない」、いや、**「働けるまで働く、人生100年は当たり前」**が真実かもしれません。

それに伴い、「人生の後半戦」という概念も大きく変わりました。「40歳が人生の折り返し地点」と長らく語られてきましたが、人生後半は今や、50歳以上ととらえていいでしょう。しかも人生100年とすれば、50年間もあります。この長丁場を生き抜くのは、ちょっとやそっとのことでは難しいかもしれません。

そしてこの人生後半50年で、どんなことが起きると思いますか？

例えば次のようなことが起きる可能性は、大いにあります。私の主観というよりも、政府や大手企業によるデータをはじめ、各種研究や文献、何百人もの高齢者とお会いした中で、極力客観的かつ科学的に導いた現実です。

【56歳】熟年離婚予備群に仲間入り
【60歳】年収は半分。仕事は新人レベルに逆戻り
【62歳】銀行の勧めで財産が「半凍結」状態に
【65歳】年金をもらうタイミングを間違え損をする
【66歳】がんの発症率、一気に増加
【70歳】医療費急増。資産が10年で枯渇
【77歳】家を失い、子ども夫婦とうまく暮らせず
【82歳】認知症でまさかの資産凍結
【90歳】入院、そしてそのまま寝たきり
……

本書では、この知りたくない現実を、次々と明らかにしていきます。なぜ私がそんなことをするのかというと、知っておかないと後々大きく困るからです。

「いや、そんなこと言われなくてもわかってるよ」。こんな声も聞こえてきそうです。とはいえ、何となく不安にかられているだけで、特に何も対策を立てていなかったり、「その時になったら考えればいいや」と思ったりしているだけの人も多いようです。「暗い気持ちになるから、そんなことを考えたくない！」という人も珍しくありません。でも、この調子では、厳しい老後から目を背けているだけで、何も解決には至らないでしょう。

それよりも、最初はショックを受けるでしょうが、**何歳頃にどんなトラブルに巻き込まれやすいのかを知っておけば、事前に対策が立てられます。**

本書ではトラブルだけでなく、その解決策も懇切丁寧に解説しました。一読してくだされば、仮にトラブルが起きてしまった後でも、その被害をかなり小さくできることもあるのです。

なるべく先手を打つことが、すべてにおいては大事。とはいえ、若いうちからすべてに対策を講じていてはキリがないですし、そんな人生、果たして楽しいといえるのでしょうか？　趣味にかけるお金を切り詰めて貯金にまわし、栄養ばかり気にしながら食事というか栄養補給をする毎日なんて……。

肝心なのは、トラブルが起きる前に対策を講じること。何歳頃に何が起きやすいのかがわかっていれば、それに間に合うように的確な行動を起こしやすくなります。

また、**締め切りの原理が働いて行動が起こしやすくなります。**仕事も試験勉強も、締め切りを設定されないとなかなか取り掛からなかった経験は、ありませんでしたか？　それと同じです。

これまで79億円の財産をサポート。現場での経験も総動員して解決策を提示

ここで簡単に自己紹介をさせてください。私は不動産会社の社員ですが、遺産や相続にまつわる

相談を数多く受けてきました。そんな中で強く感じたのは、認知症とお金の問題が、老後は大きなカギを握ること。その解決策として有効な「家族信託」という制度（詳細は本編で解説していきます）などを提案して、多くの問題を解決してきました。

これまで北は北海道、南は沖縄まで**1000人以上から相談を受け、250組以上の家族会議にも参加し、信託した財産の79億円をサポートしてきました。**その行動はマスコミからも注目されたようで、『NHKクローズアップ現代＋』『週刊文春』など**テレビや雑誌に出演したこともあります。**

次第に、「お金」「健康」「人間関係」「身辺整理」といった老後の不安全般にかかわるようにもなりました。顧客は、30億円所有の資産家、医師、元国会議員、大学教授、農業を営む方など実に様々。今は**「老後問題解決コンサルタント」**として、多くの相談に追われる日々を送っています。

そんな私の現場での経験を総動員しつつ、研究データなども活用して、老後に起きることとその解決策を、本書には極力盛り込みました。

医師や法律の専門家にも協力していただきましたが、今回ご協力いただいた方々はわかりやすく解説するプロばかりですので、専門性がありながらも理解しやすい内容になっていると自負しています。

ところで、老後というと日本では、どうしても暗いイメージがつきまといますが、**欧米諸国では老後は決して暗いものではありません。**

私は小学生の頃、父親の仕事の関係でオランダに5年間、大学時代にはスペインに1年間語学留学しました。イタリアやイギリスで働いた経験もあります。

そこで感じたのは、日本に比べ圧倒的に家族の絆が強いということ。家族間の行き来が多く、クリスマスや夏休みに家族や親戚と大勢で過ごすことが珍しくありません。この海外在住で外国人から、私は老後の生き方や考え方を多く学びました。

老後は、いつ・どんなトラブルが起きやすいのかを事前に知って、冷静に対策を立てて実行に移しつつも、西欧人を見習って明るい気持ちで毎日を過ごす。本書を通じて、一人でも多くの人がこのようになってくだされば、著者として冥利に尽きます。

2021年4月

横手彰太

目次

53歳

親が亡くなり、遺産相続の争い勃発

55歳

役職定年。働き盛りに給与もやりがいもカット

56歳

熟年離婚予備群に仲間入り

第2部 老後の生活が豊かになる3つの視点

装丁デザイン　krran（西垂水敦・松山千尋）
本文デザイン・DTP　荒木香樹
イラスト　meppelstatt
企画協力　ブックオリティ
校　正　宮川 咲

「きょうだい」については、兄姉弟妹問わず「兄弟」と表記しています。

触れ合いを推奨する記述もありますが、新型コロナウイルス感染のリスクも考慮に入れた上で、自己責任で行ってください。

年齢は、あくまでも目安です。もちろん、遭遇する確率が高い年齢を選んでいますが。定年退職のように60歳で多いことが明らかなものもあれば、資産運用を本格的に始める人が、私のこれまでの仕事で多いと感じた63歳あたりをボリュームゾーンとするというように、明確なデータに基づいているとは限らない場合もあります。

第1部 老後の年表

第2部 老後の生活が豊かになる3つの視点

50歳

親の介護で「介護うつ」と「介護離職」が忍び寄る

義理の親を介護する義務は、法律にはない

50歳を迎え人生後半戦に突入すると、考えるべき対象は自分のこと、子どものことだけではおさまりません。両親の老後の生活、特に介護問題と向き合う必要が出てきます。

ひと昔前であれば介護問題はそこまで大きくありませんでしたが、今では誰もが通る関門となりました。図1（P19）より、50歳あたりから介護離職はピークを迎えていくことが読み取れます。

親の介護では、2つのリスクが発生します。

一つは、仕事と介護との両立。

もう一つは、身体的だけでなく精神的にも異変が出始めること。出口が見えない穴に入った気持ちになり、介護うつになる可能性が出てしまうのです。一生懸命親のためにと思ってしたことが、自分自身を苦しめることになります。

家族がいる人であれば、配偶者や子どもに影響を及ぼすことも。配偶者が介護に協力的ではないことで、離婚を引き起こすのも珍しくありません。

今の時代は昔と違い、**妻が義理の両親の面倒をみることが常識ではなくなっています。**

法的にも、その点は保障されています。「民法第877条1項　直系血族及び兄弟姉妹は、互いに扶養をする義務がある」。この法律から導かれることは、「直系血族や兄弟姉妹は原則扶養（介護）する義務はある。ただし義理の親は、直系血族にあたらない以上、介護する義務はない」ということ。さらに、夫と別れた後でも、夫が亡くなった後でも同じように当てはまります。

妻が義理の親の世話に協力的でない、または仕事を抱えていて介護が難しいとなると、夫が自分で仕事と両立しながら介護するしかありません。

今これだけ問題になっているのは、**介護を必要**

図1　介護離職者の年齢分布

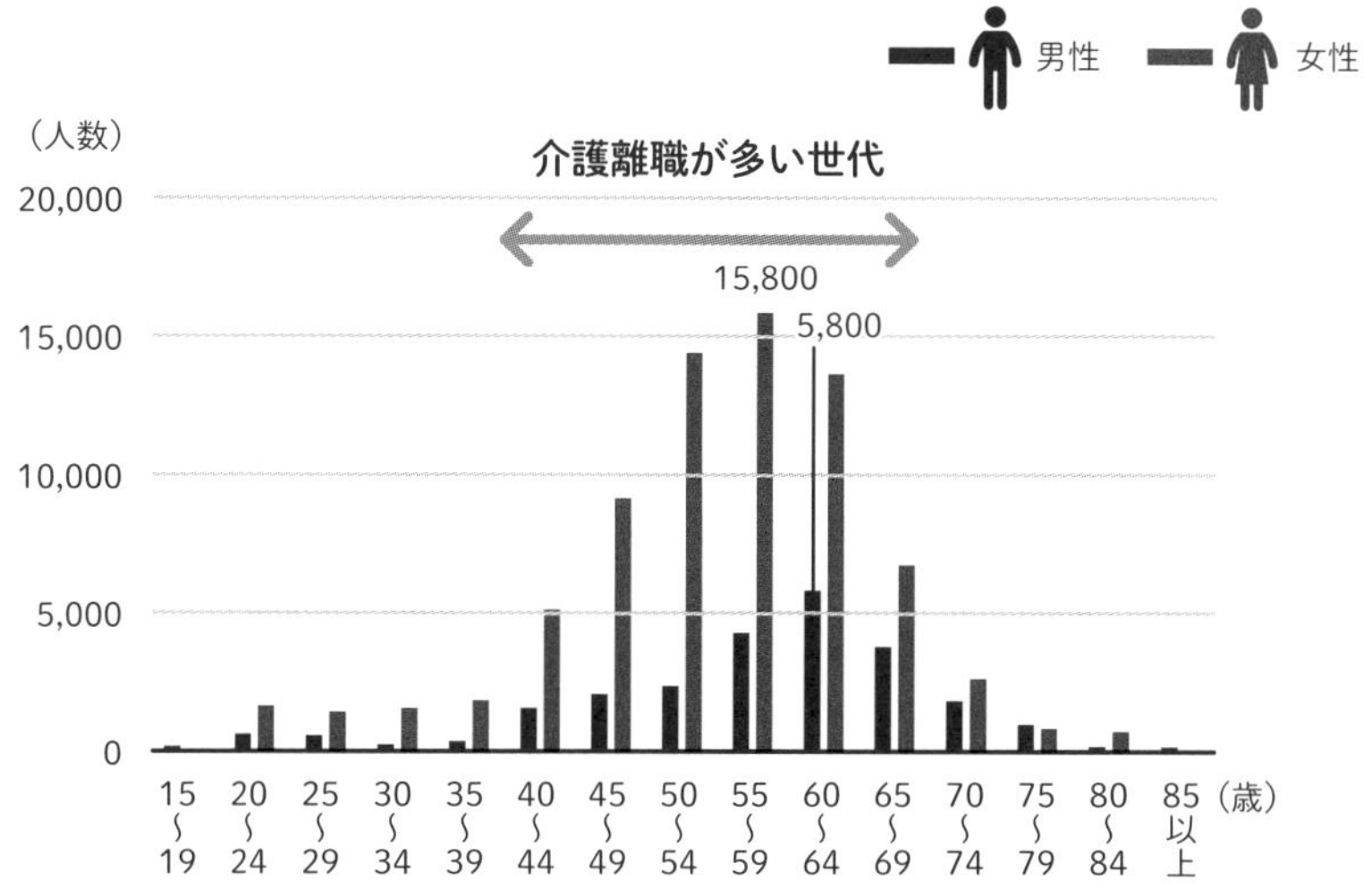

データ出典：総務省「就業構造基本調査」
グラフ出典：インプレス「シニアガイド」
https://seniorguide.jp/article/1148411.html

とする高齢者が急増している一方で、介護従事者は減少し、介護に伴う費用負担が増え続けているからです。

介護人材は、２０２５年末で２４５万人必要とされています。２０１９年時点で１８５万人しかおらず、60万人が足りていない状況です。一方で介護を必要とする高齢者の数は、この10年で約１・４倍にもなりました（２００５年・２０１５年の要介護・要支援認定者数の比較で計算）。

公的介護サービスで十分でないのであれば、自分か家族が両親の介護と向き合う必要があります。２０２０年に誕生した菅政権は、「自助・共助・公助」をあるべき社会像に掲《かか》げています。日本の高齢化や人口の減少を考えれば、「親の介護はまず自分たちの手でなんとかしなさいよ」と言っているようなもの。

図2　要介護（要支援）認定者の将来推計

高齢化の進展に伴い、要介護（要支援）の認定者数は、制度開始（2000年度）以降、年々増加の傾向。日本全体でみると、2035年頃まで増加のペースは緩まない見込み。

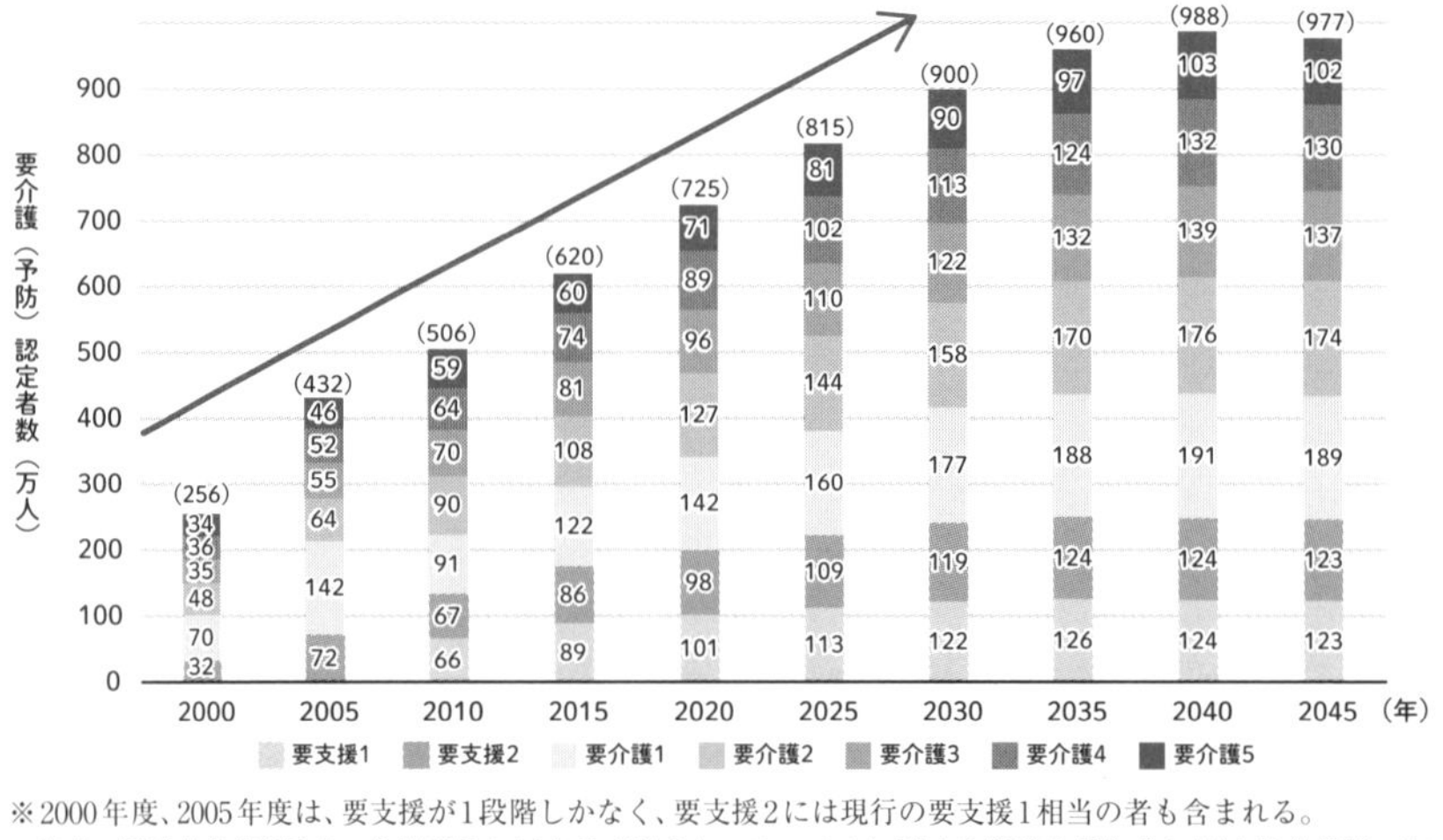

※2000年度、2005年度は、要支援が1段階しかなく、要支援2には現行の要支援1相当の者も含まれる。
※出典：経済産業省「将来の介護需給に対する高齢者ケアシステムに関する研究会報告書」、国立社会保障・人口問題研究所「日本の地域別将来推計人口（平成29年推計）」、総務省「人口推計（平成28年）」、厚生労働省「平成27年度介護給付費実態調査」統計表第3表 平成27年11月審査分

国は介護離職者をゼロにすることを目標に掲げていますが、現在の状況を考えれば空しいスローガンです。

実際、現時点で介護のために仕事を辞めた「介護離職者」は10万人近くにものぼっています。

介護離職の理由で多いのは、老人ホーム代が払えないこと

一般的に、**「親の介護スタート＝介護施設即入居」とはならない**ことを知っておいてください。自宅で数年間、配偶者や子どものサポートがあって自宅介護をして、限界がきたら介護施設に入るパターンが圧倒的に多いのです。

一口に介護といっても、自分自身で生活を送ることができる人もいれば、常時介護者のサポートが必要な人もいます。図3は、国が定めた分類。高齢者の状況によって等級をつけて、介護レベルを要支援1～2、要介護1～5まで定めています。

資金的に余裕があれば施設に入りますが、施設

図3　要介護度認定の区分

要支援1	日常生活上の基本動作についてはほぼ自分で行うことが可能であるが、手段的日常生活動作において何らかの支援を要する状態。
要支援2	日常生活動作を行う能力がわずかに低下し、何らかの支援が必要な状態。
要介護1	日常生活動作を行う能力が一部低下し、部分的な介護が必要な状態。
要介護2	要介護1の状態に加え、日常生活動作についても、部分的な介護が必要となる状態。
要介護3	要介護2の状態と比較して、日常生活動作及び手段的日常生活動作の両方の観点からも著しく低下し、ほぼ全面的な介護が必要となる状態。
要介護4	要介護3の状態に加え、更に動作能力が低下し、介護なしには日常生活を営むことが困難となる状態。
要介護5	要介護4の状態より更に動作能力が低下しており、介護なしには日常生活を行うことがほぼ不可能な状態。

※出典：江戸川区の介護保険のページ

利用料が親の資産から捻出できれば介護離職にはなりません。

ただ、民間の介護施設と比べて費用が抑えられた特別養護老人ホーム（特養）のような施設は、入居待ちになっているケースがほとんど。さらに、介護レベルに応じて入居の順番も決まるので、早く申し込みをすればよいというものでもありません。

入居を待っている間は、民間の老人ホームに入居する選択肢が出てきます。入居費用が賄《まかな》えればよいのですが、無理な場合は介護離職が視野に入ってきます。実際に、**介護のために離職する理由で多いのが、金銭面の都合**となっています。

介護離職は絶対にしてはいけない

介護離職の一番の問題点は、継続収入が絶たれてしまうこと。しかも50歳は、子どもがいる家庭であれば、大学の進学など養育費が最もかかる時期でもあります。

この時に、夫婦のうち一人だけの収入で乗り切っていけるのでしょうか。親の年金や資産が十分であればやっていけるかもしれませんが、そもそも両親の資産が十分ではないから介護離職をしているわけです。

しかも、**介護はいつまで続くかわかりません。**一般的な介護期間は約5年といわれていますが、人生100年時代の現在では、介護期間は延び続けることも十分に考えられます。収入が絶たれた状態が10数年も続くと、家族共倒れの危険性すらあります。

また、**一度離職してしまうと、再就職が極めて難しい**ことも問題を複雑にしています。例えば50歳で介護離職をして10年間、両親の生活のサポートに従事して、いざ再就職しようと思っても、あなたが希望する仕事は残念ながらかなり限られるでしょう。50歳を過ぎた後の復職・再就職は、例えるなら東大に入るより難しいかもしれません。

仕事を選ばなければ仕事ゼロ・収入ゼロになるわけではありません。しかし、年収６００万円から年収２００万円になって、生活ができるのでしょうか。育ち盛りの中学か高校か大学の子どもがいる場合はかなり辛く、年収２００万～３００万円で教育費を捻出できるのでしょうか。

さらに、50歳から仕事を辞めたとなると厚生年金の積み立てがストップするため、65歳からもらえる予定の**年金の受給額が減ってしまう**のです。これでは自分自身の老後の生活も危うくしてしまいます。

介護離職することは、両親の介護に限れば問題解決につながるかもしれませんが、家族の経済的な問題を引き起こしかねません。

やはり可能であれば、今のうちから親の介護を想定して経済的にも準備をしておくこと。そうしなければ、両親だけでなく、自分自身や家族が経済的に破綻《はたん》することを念頭に置いておく必要があるのです。

経済的な理由で介護サービスが利用できない場合は、**勤務先と相談して出勤日や業務時間の調整**

がで**きないか、確認する**ことをお勧めします。会社や自治体、兄弟とも話し合うことが重要です。

介護離職を回避する「チーム思考」

介護離職を引き起こす大きな理由としては、自分一人で抱え込んでしまうことも挙げられます。介護は家族や公的機関と一緒に「チームで介護」が正解です。

子育てであれば、保育園、幼稚園、託児所、配偶者または祖父母でチームを組んでサポートすることで、働きながら育児ができます。小学生になれば、一人で家に帰り、一人で宿題をするなどして過ごすことができます。

しかし、高齢者は逆に年を取れば取るほど、自立ができなくなります。最初は家族のサポートで介護ができたのが、次第に無理が出てくるのです。ぜひチームで取り組んでください。

親の年金や資産によって、どれだけの介護サービスを受けることができるか知ることも重要です。

残念ながら、ない袖は振れません。袖にいくらあるのか知らないで、介護をスタートさせてはいけません。まだ、意思能力がはっきりしているうちに思い切って財産の棚卸をするのです。

普段使いしている通帳や定期預金の通帳を確認するだけでも十分。定期預金が意外にあることも多く、ここを解約して普通預金に変えておくだけで、当面のお金の工面ができます。

介護離職をしない人は、会社に事情をきちんと説明し、理解を得て仕事をしています。

さらに、**公的介護サービスをうまく利用して、自分の時間も確保**します。ショートステイ（短期間の宿泊）、デイサービス（日帰り）、ヘルパー（訪問介護員。「ホームヘルパー」ともいう）などを、ケアマネージャーと相談しながら活用しています。

ケアマネージャー（介護支援専門員）は、介護を必要とする人が介護を受けられるように、ケアプラン（サービス計画書）の作成や介護事業者との連絡や調整を行う、介護保険の専門家。ケアマネージャーは要介護認定されると利用でき、全額介護保険から給付されますので**料金はかかりません。**相性が悪ければ、ケアマネージャーは変えることができます。

また、介護施設に入りたくないという高齢者は多いのが実情。長年住み続けた愛着のある自宅から離れ、友人や家族と簡単に会えなくなるからです。こうした気持ちに配慮せずに、**子どもの立場から一方的に施設への入居を勧めてしまうとトラブルになりかねません。**この場合、ケアマネージャーから勧めてもらうとスムーズにいくケースもあります。身体のケアだけでなく、心のケアもあなた一人でかかえずに周りのサポートを受けながら行うことです。

まずは、資金、協力者などを確認しましょう。その上で「できること」「できないこと」に分けて対応策を考えることはとても大事です。

51歳

更年期障害で、妻の長年の怒りが爆発

更年期障害は閉経を迎える平均51歳からがピーク

女性が50歳頃から、早い人では30代後半から頻発して患うイライラ、めまい、体中の痛み、冷え性など心身の不調……、更年期障害と呼ばれる症状です。

閉経前の5年間と閉経後の5年間とを合わせた10年間が「更年期」。この更年期に現れる症状の中でも、重くて日常生活に支障をきたすものを「更年期障害」といいます。

閉経は早い人では40代前半で、中には30代後半という人もいて、遅い人では50代後半となるので、更年期障害の開始にも個人差はあります。

更年期障害の主たる原因は女性ホルモンの減少ですが、女性ホルモンは閉経するとかなり減少します。つまり閉経からピークを迎えるのが、更年期障害となります。

日本産婦人科医会によると、閉経の平均年齢は50・5歳なので、四捨五入すれば51歳。まとめると、**閉経が始まる平均して51歳からが、更年期障害が最も猛威を振るう**といえそうです。

更年期の女性をさらに追い込む最大の元凶は〝夫〟

独身の女性はかからない病気が、実はあります。それは、**夫が原因の病気**！　夫の言動からくるストレスが原因となっています。大阪大学の石蔵文信教授が「**夫源病**《ふげんびょう》」と名付けたくらいです。妊娠、出産、子育てなど、多くのことで女性は様々なストレスを抱えています。そのストレスから守ってくれるのが女性ホルモン。和歌山県立医科大学の上山敬司准教授（当時）のマウスを使った実験でも、それは明らかになっています。

更年期は女性ホルモンが減るわけですから、ストレスへの耐性までかなり低下します。ですから**夫源病は、更年期の特に精神症状を伴って重症化しやすい**のです。

夫源病の症状としては、息切れ、動悸《どうき》（心臓の鼓動が激しくなること）、めまい、不眠など。更年期障害と共通するものばかりです。

夫としては些細と思えることだって、妻にとってはストレスとなります。そのストレス一つひとつが仮に小さくても、塵《ちり》も積もれば山となるのです。

● 子育てに無関心だが、ゴルフには夢中
● 家で「メシはまだか？」しか言わない。それなのに、奥さんが晩ご飯を用意しても「今日は飲んできたから、いらない」と平気で言う

● 「俺のほうが疲れている」が奥さんへのログセ
● ごみ捨てをしただけで、「家事は十分やった」とドヤ顔
● 結婚記念日はおろか、奥さんの誕生日すら忘れている
● しまいには「誰のおかげで、メシが食えてんだ？」と言う始末

以上のことに思い当たるお父さん、今日からでも一つひとつをやめることで、夫婦間の溝をどんどん埋めていってくださいね！（私自身にも自戒を込めて言っています……）

子どもが巣立った場合は、もっと注意が必要でしょう。それは、夫婦二人だけの生活が始まるからです。妻にとって、夫の存在がより目立つことになります。

男性にも更年期障害がある。中年太りとEDがそのサイン

更年期は女性ならではの症状といえます。一方で、**男性にも更年期障害がある**ことを知っていましたか？「男性更年期障害」とも呼ばれていますが、年齢を重ねるごとに男性ホルモンが減少して引き起こされる症状です。

男性ホルモンは、心身ともに男らしさを生み出す物質。男性ホルモンによってヒゲが生え、体がゴツゴツとします。20代・30代のうちは、分泌が盛んです。

しかし40代を過ぎるとその役目を終えるからでしょうか、男性ホルモンが減少していきます。精《せい》

悍《かん》だった体がいつのまにか丸みを帯びてきて、よく言えば癒《いや》し系、悪く言えばだらしなくなるのです。ですから、中年おじさんの代名詞といえる**「中年太り」こそ、更年期障害発生のサイン**になっている可能性が高いのです。

女性は閉経というわかりやすい症状が出るため更年期障害に気づきやすいのですが、男性は閉経ほど目立った現象が起きないせいか、**更年期障害になっていることに無自覚**であることが多いのです。

男性更年期障害をもう少し詳しくみていきましょう。基本的には、**男性にも女性と同じような症状が起きます。**強い疲労感、浅い眠り、めまい、ほてり、のぼせ、多汗など、共通点はたくさんあります。

そして女性ホルモンが減ると女性の生殖機能が衰えるように、男性ホルモンが減ると男性も精子が作られにくくなるなどで**生殖機能が劣化**します。せっかく女性とセックスができても、中折れ（セックスの途中で、男性器がしぼんで継続できなくなること）して射精まで至らない。陰茎の勃《ぼっ》起《き》不全を「ED」といいますが、まさにこれですね。20代では経験しない人も多いようなことが、更年期には普通に起こるのです。

他にも、強い疲労感が体に付きまとい、何をするにも意欲が削がれます。会社に行くことも辛くなり、人と会うのも億劫《おっくう》になる。

この更年期障害を放っておくと、うつ病という新たな病気を併発するリスクがあります。

さらに知っておくべきことは、病院とのかかわり方。**診療科が変わってくる**からです。一般的に言われているうつ病は、心の病気であるため精神科や心療内科が対応します。しかし更年期障害はホルモンが大きくかかわっているため、根本の原因にアプローチするには、**男性なら泌尿器《ひにょうき》科《か》や内科、女性なら婦人科**も視野に入れないといけません。「**男性更年期外来**」や「**女性更年期外来**」**と銘打つクリニック**もありますので、そちらも候補に含めるといいでしょう。

行く診療科や病院を間違えると、誤診をされたり間違った薬を処方されたりで、症状が悪化する可能性もあります。

女性も男性も、ホルモン減少が更年期障害の大きな原因です。ということは、一番の予防策は、ホルモンを減らさないこと。まずは、**暴飲暴食は控え、早寝早起きを心がける、規則正しく生活して生活習慣を整え**ましょう。

健康にとってド定番のことばかりですが、とても大事です。心身ともに健やかなことを心がけることで、**ホルモン減少が緩やかに**なります。

53歳

親が亡くなり、遺産相続の争い勃発

数百万円の財産でも、相続争いは普通に起きている

相続と一口に言ってもいろいろな問題があります。亡くなった後の財産承継《しょうけい》の手続き、相続が発生したことによって発生する親兄弟の争いや相続税の支払い。「手続き」「お金」そして「相続争い」に大別することができます。

相続の難しさは、現場ではこうした問題とあわせて、何より大切なご家族を亡くされた悲しみの中、手続きを進めないといけないということです。何事も初めて経験することには慣れていません。慣れていない中で時間だけが刻々と過ぎていくので、焦りと悲しみの中、間違った判断を起こしやすくなるのです。相続にかかわる人物も多岐にわたります。

そこでこのパートでは、53歳あたりで起きがちな自分の親の死から勃発する相続争いのパターンを知り、争いを最小限にする方法をお伝えしていきます。「いや、自分は兄弟仲がいいから大丈夫」「うちの親は財産がないから平気」と思った人にこそ、実は問題が起きやすいのです。

相続が発生しやすいのは、父親が81・41歳、母親が87・45歳という平均寿命を迎えた頃で、その時、相続人である子の年齢はおよそ50〜55歳となるでしょう。ただし、平均寿命は年々延びており、それに伴って相続する子どもの年齢も高くなっています。

既婚者であれば、自分が亡くなった時も含めて最大6回の相続を経験します。自分の両親二人、配偶者の両親二人、配偶者、そして自分。

実際の相続の現場では、少額の財産でも相続争いは頻繁に発生しているのです。2019年に家庭裁判所で相続について争われたのは1万2785件。そのうち、最も多かった財産額は1000万円超え5000万円以下ですが、1000万円以下も全体の3分の1ほどでかなり多いことがわかります（図4）。

「ウチでは、争いになるような財産なんてない」。

図4　相続争いで争点となった財産額の割合

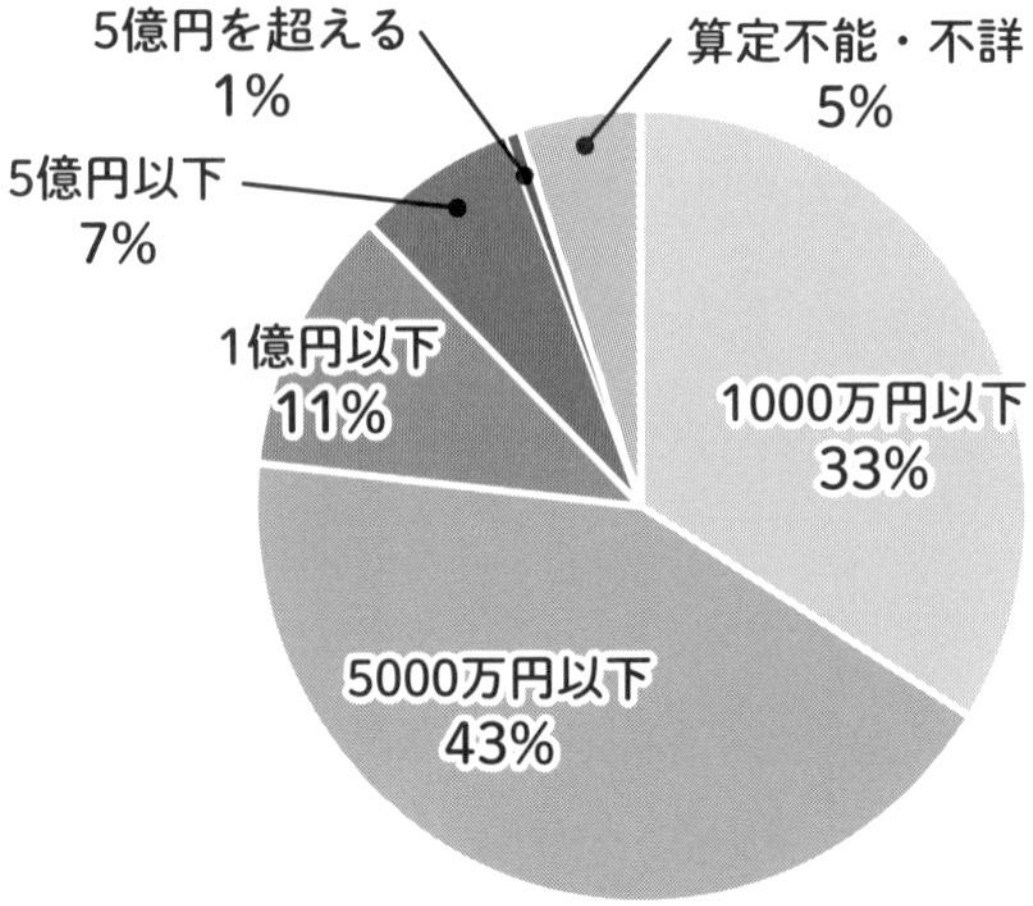

※出典：「司法統計年報　家事事件編（令和元年度）52　遺産分割事件のうち許容・調停成立件数（「分別をしない」を除く）遺産の内容別遺産の価額別」

これは相続対策を怠る人の常套句《じょうとうく》。**相続争いは、たとえそれが数百万円の資産であっても、揉める時には揉める**のです。

介護、収入、生前の状況……。争いの原因はたくさんある

では、相続で揉め事が起こった場合、どのようなルールに基づいて財産分与の判断が下されるのでしょうか。相続については民法がベースとなります。

特に私たちの相続に大きく影響してくるのが「法定相続」というルール。これは、被相続人の遺言があれば、この遺言に記載された内容が文句なしで最優先されます。

しかし、遺言を書く人は全体のわずか8%。つまりほとんどのケースで、遺言なしで相続が発生します。そうなると配偶者も子どもも全員が相続人となり、財産を分ける話「遺産分割協議」をすることになります。それでも話がまとまらなかった場合には、家庭裁判所が調停に入って仲介役となる「遺産分割調停」へと進みます。

遺産分割調停でもまとまらないとなれば、審判官（裁判官）が遺産分割方法を法定相続分に準じて決定するという「遺産分割審判」となります。

相続財産を分ける際の優先順位

1 遺言（←これが望ましい）

2　遺産分割協議（↑相続人で決める）
3　遺産分割調停（↑時間がかかる）
4　遺産分割審判（↑かなり時間がかかり、しこりも残る）

ところで、要介護（要支援）の人は全国に679・8万人います。介護施設に入っている人でも、誰かしら親族にサポートしてもらう必要があります。これだけの要介護者がいるので、親族の中で介護に積極的にかかわる人とほとんどかかわらない人が、当然出てきます。住まいが遠方にあり、物理的に介護できない人もいるかと思います。

しかしその一方で、介護ができる状況にあるにもかかわらず、介護に非協力的で、口だけは出してくる人もいます。介護をしているにもかかわらず、財産分与の際に貢献が認められないのであれば、相続時に争いが起こるのも不思議な話ではありません。

さらに問題を複雑にするものが「兄弟間の格差」。同じ兄弟・姉妹であっても長年生活を続けていけば、様々な理由によって収入面や精神的な生活のゆとりの差はますます大きく、そして複雑になっています。コロナ禍であっても大手企業勤務で安定して高収入を得ている人もいれば、リストラや会社の破綻《はたん》、自営業の行き詰まりで収入面が不安定な人もいるでしょう。

それに加えて、兄弟間で顔を合わせるような機会もほとんどないようなことも珍しくありませんから、お互いのことをよく知らなかったり、普段からの意思疎通が十分でなかったりする場合もあります。

このように、相続争いが起こる原因は、たくさん転がっているのです。

これまでの私の経験をもとに、相続争いになりやすい家庭の状況をチェックリストでまとめました。5個以上のチェックが入った人は要注意。ぜひ自分の家族の危険度を確認してみてください。

●我が家の相続争い危険度チェックリスト

（10個中　5個以上：リスク大　4個か3個：リスク中程度　2個以下：注意は必要）

□親の財産は、家と金銭を含めても5000万円以下
□親が、財産を絶対に渡したくない相続人がいる
□親の介護を子どもの一人でほぼすべてやっている。他の兄弟は口は出すが介護はしない
□遺言書を書いていない
□親が共有名義の不動産を所有しており、かつ資産価値がなく売却が難しい
□以前、財産をほぼ配偶者と長男が独り占めした。他の兄弟はほぼなし
□親が認知症になっている、もしくは認知症予備軍である
□相続人の配偶者が財産を狙っている、もしくは口を出してくる
□生前に、他の兄弟に内緒で生前贈与、教育資金贈与、援助をしている
□再婚している。連れ子がいる

父親死亡時より、母親死亡時のほうが争いは起きやすい

相続争いは「兄弟間の戦争」といった状況にまで発展することがあります。

ただ意外かもしれませんが、相続争いは、財産を築き上げた父親が亡くなった時には発生することはほとんどありません。**争いは母親が亡くなった時こそ勃発しやすい**のです。

父親が亡くなった時は、たいてい初めての親の相続となります。悲しみに暮れる間もなく、長男が中心になって、税理士と協力して相続手続きを進めていくケースが大半です。淡々と終わることも多々あります。

一方で、母親が亡くなった時に争いが勃発する可能性が高い事例を一つ紹介します。

まず父親が、莫大な財産を遺して亡くなります。母親は財産に興味がなくよくわからない様子で、長女と次女は忙しかったせいか、相続の手続きはすべて長男に任せていました。それと、遺言もなかったので、母と子どもたちで話し合って財産の分け方を決める遺産分割協議書を作成することに。

しかし、子どもたちで分け合う遺産のほとんどを、長男が相続していたのです。

毎月40万円程の家賃収入がある賃貸不動産で、その問題が発覚。長女と次女は、当然母親の口座に家賃収入が入っているものだと思っていました。でも長男は、母親に相談もなく定期的にお金を利用していたのです。次女が長男に対して通帳を母に戻してほしいとお願いしても、「自分が管理するから大丈夫」の一点張り。

さらに驚いたのは、相続が発生してから1年以内に、母親は孫である長男の子どもたちに対して、教育資金贈与の手続きをしていたのです。孫二人で総額1000万円も。いつ贈与をしたのか母親に聞いても、手続き自体を覚えていないと言います。しかも母親は認知症の疑いもあるため、今さら遺言を用意することもできません。

「お母さんが亡くなった時には埋め合わせする」と長男は言うも、長女と次女の怒りはおさまらないでしょう。

親が認知症の時が非常に厄介。5年がかりの裁判に発展することも

こうした争いを回避するためには、遺言が有効です。ただし、認知症の疑いがある中での手続きは、かえって相続争いを招きかねません。

遺言の有効性を争う際には、「遺言無効確認訴訟」を行います。この裁判では、遺言した際に判断能力があったかどうかが焦点として争われます。

この「判断能力の有無」を証明することは容易ではありません。実際、私のお客様でも相続が発生してから遺言無効裁判で、**解決するまで5年かかった**方がいます。これは自筆遺言に限らず、公証役場で公証人の立ち合いのもとに作成したいわゆる公正証書遺言であっても争いになります。公証人も争いに巻き込まれることを嫌がるので、裁判に証人として出廷《しゅってい》しないこともあります。

私がお手伝いした案件でも、地方の公証役場で遺言の手続きをする際に、**ビデオカメラで記録を残すことが条件のところがありました**（ちなみにカメラ撮影は、法的義務にはなっていません）。トラブルに巻き込まれた時の説明資料として、この公証役場が独自に判断して決めたことです。

医師の診断書に加えて、本人の意思能力があった証拠をビデオカメラで残すことが、認知症の疑い、または認知症初期の段階では必要とされるケースが増えているのです。というのも、トラブルが多発しているから。

こうした相続争いのトラブルを防ぐためには、相続の専門家の協力を得ることが有効です。

相続の専門家といえば、税理士や弁護士を思い浮かべる方が多いのではないでしょうか。ただ、**税理士や弁護士だからといって、それだけで相続のエキスパートとは限らない点は注意が必要**です。医師が内科や外科、眼科、耳鼻科など専門が分かれているのと同じで、弁護士や税理士の中でも得意とする分野、苦手とする分野があります。

アパートは相続税を節税できても、負の遺産になることが多い

相続対策というと、節税ばかりを気にする人がいますが、節税だけを相続対策の一番の目的にすると、残された家族が「負の財産」を引き継ぐことになりかねません。

この相続対策で盛んに行われているものがアパートの所有。そもそもの節税の仕組みは次のよう

なものです。

現金が1億円あった場合、相続税を計算するための元になる相続税評価額は額面の1億円となります。でも、この1億円を使って収益不動産であるアパートを購入もしくは建設すると、アパートの相続税評価額はおよそ3分の1程度に圧縮できるのです。

借金で購入した場合は、さらに相続税の節税メリットがあります。プラスの財産から借金額を差し引いて評価額を算出することができるからです。

確かに計算上では、相続税は大幅に節税できることになります。しかしアパート経営の本来の目的は、家賃収入を継続して得ること。不動産賃貸業として成立している必要があります。

ただ、**実情は節税メリットだけを追求して、賃貸需要のないエリアにアパートが乱立するといったケースが珍しくありません。**あなたも地方や郊外でドライブをした時に、田んぼや畑の真ん中になぜアパートが建っているのか不思議に思ったことがあるのではないでしょうか。これらはほとんどの場合、節税目的のアパート。

不動産会社は、空室リスクに対処するといって借り上げ保証であるサブリース契約を進めていますが、約束された家賃の額が永続的に変わらないわけではありません。契約書には数年後に家賃の見直しを行う条項が記載されており、不動産会社は保証家賃の値下げを迫ってくることがあるのです。

さらに、10年も経過すれば建物の修繕《しゅうぜん》コストもかさむでしょう。将来の金利上昇リスクも考える必要があります。

賃貸需要のないエリアでの節税ありきのアパート建築は、**相続対策で失敗するパターンの王道**です。絶対に手を出してはいけません。

55歳

役職定年。働き盛りに給与もやりがいもカット

役職をはく奪され、給与は減少。でも仕事内容は同じ

55歳役職定年は、昔の定年年齢と深く関係しています。今でこそ定年年齢は65歳に定められていますが、1970年代は55歳定年が一般的でした。これが1980年代に努力義務として定年年齢が60歳に引き上げられ、現在は65歳までの雇用機会の確保が義務となりました。**会社としては、定年が延長されることにより増える人件費をどうにかして抑えたい。その対応策として生まれたのが役職定年**です。

課長職、部長職は一般的には40代から50代にかけて職務につくことが多く、経営側となる幹部と若手の部下の間にはさまり、成果を上げていく必要があります。年々ハードルが上がる目標数字、言うことを聞かなくなる部下との人間関係と悩みは尽きません。何とかやってきたと思ったら、年齢を理由にいきなり役職を解かれて、**給与も大幅にカット**されるのです。

個人としてはなんともやりきれないでしょう。ただ、企業の新陳代謝を考えれば理解できない話ではありません。あの世界有数の大企業であるトヨタでさえ、年功序列の制度で給料を年々アップ

50歳
51歳
53歳
55歳
56歳
60歳
61歳
62歳
63歳
65歳
66歳
70歳
72歳
75歳
77歳
79歳
80歳
82歳
90歳
100歳

する仕組みにメスを入れることが報道されました。企業も会社存続のために変化していかなくてはならない宿命にあるのです。

実際、役職定年を制度として取り入れている企業は多く、給与の削減幅は2割減程度が平均的なようです。

役職定年後の仕事内容についても、やる気を失わせる原因になっています。人事院の調査によれば、**元の仕事と変わらなかった人が5割**もいます。つまり、仕事内容にかかわらず、収入だけが大幅に目減りするのです。

しかも、**これまで仕事をサポートしてくれた部下もいません。一人ですべての仕事を完結させる必要がある**のです。あなたは、郵便を送る際の切手の保管場所や料金がわかりますか？　わからない人は要注意です。うかうかしていると「働かない人」扱いされてしまいます。こうした庶務も、これからはあなた自身が行う必要があるのです。

収入減は事前にわかっているので、準備しておけばダメージは減らせる

役職定年によるお金の影響は、非常にわかりやすいところです。年収が2割カットされるということは、毎月の生活費も同じように変えていく必要があります。毎月の支出を人生の最高年収時に合わせていると、年収が下がった時についていけません。預貯金やボーナスを切り崩して、毎月の

生活費の赤字分を補う生活となってしまいます。

55歳だと、子どもは大学生くらいの人も多いでしょう。教育費がかかる上に、どれくらいかかるのかも見えず不安に駆り立てられることも。現役生と予備校で授業を多く受ける浪人生、国立と私立の医学部だと学費はだいぶ違います。

ただ、不安ばかりがあるわけではありません。**役職定年は突然の肩たたきではなく、起きる可能性と時期は予測がつきやすいもの。もっと前から収入の8割で家計がまわせるように設計しておけばいい**のです。

不動産投資を検討している人も、役職定年までに実行しないと困ることがありますので要注意。というのは、不動産投資など**ローンを利用する場合は、年収に応じて借りられる額が変わる**からです。

役職定年時点でマイホームを購入する人は少ないと思いますが、自宅の買い替えなどで資金が必要になった時の借り入れでも、もちろん年収は関係してきます。

この問題の解決策としては、**役職定年で年収減になる前に借り入れる**ことです。

役職定年は健康面でも暗い影を落とします。今まで部下がいて、部長職や課長職を謳歌していた人にとっては、給料カット以上に心への影響は大きいものです。特に、新卒で入社して以来、転職をせず一つの会社で過ごした人には、厳しい仕打ちではないでしょうか。というのは、立場なり環境なりの変化に慣れていない可能性が高いからです。

会社は、最終的には我々の人生まで保証してくれるわけではありません。会社にも会社の都合があるのです。「やっと**厳しい数字の世界から解放されて、定年後を見据えて毎日が落ち着いて過ごせる！**」と考えたほうが健全でしょう。

役職定年は、人生の終わりではありません。単なる人生においての通過点です。特別急行から鈍行列車に乗り換えれば、まわりの景色もよく見えるもの。こう考えれば、**定年後の充実した生活に向けたよい助走期間**になるはずです。

56歳 熟年離婚予備群に仲間入り

夫婦の7割は夫に不満あり。熟年離婚は年々増加している

夫婦の3組に1組が離婚をするという話も時々聞きますが、それはあくまでも形式上の離婚。別居をしていなくても心理的に二人の心が離れていれば、それは離婚状態にあるといえます。**30代の女性の7割は夫に対して不満を持っており、不満を抱えたまま老後を迎えます。実際、50代になっても変わらず女性の7割が夫に不満が多い。**ですから心の離婚は、3組中2組という数字となってしまいます。

熟年になると突然、妻から離婚の宣告をされる可能性があります。しかし残念ながら夫は、妻からの離婚宣言をほぼ覆せません。

1960年代前半の離婚件数は年間約7万組だったものが年々上昇を続け、2002年にピークの約29万組に。以降減少を続けて今に至ります。

離婚数自体は減少トレンドにありますが、熟年離婚は実は増えているのです。50歳以上の離婚件数は1990年に約2万組だったものが2000年には2倍以上に急増しています（P46の図5）。

専業主婦が当たり前だった時代から、**女性の社会進出が進み共働きが当たり前になったことで女性の生活力がついて、離婚件数を押し上げているものと考えられます。**

夫からすれば、パート勤めや専業主婦だった妻がまさか離婚したいなんて思わないことが多いようです。離婚をしても一人では生活していけないと、タカをくくっているのでしょう。残念ですが、もうそのような時代ではないのです。

図5　50歳以上の離婚件数の推移（男性・女性合算）

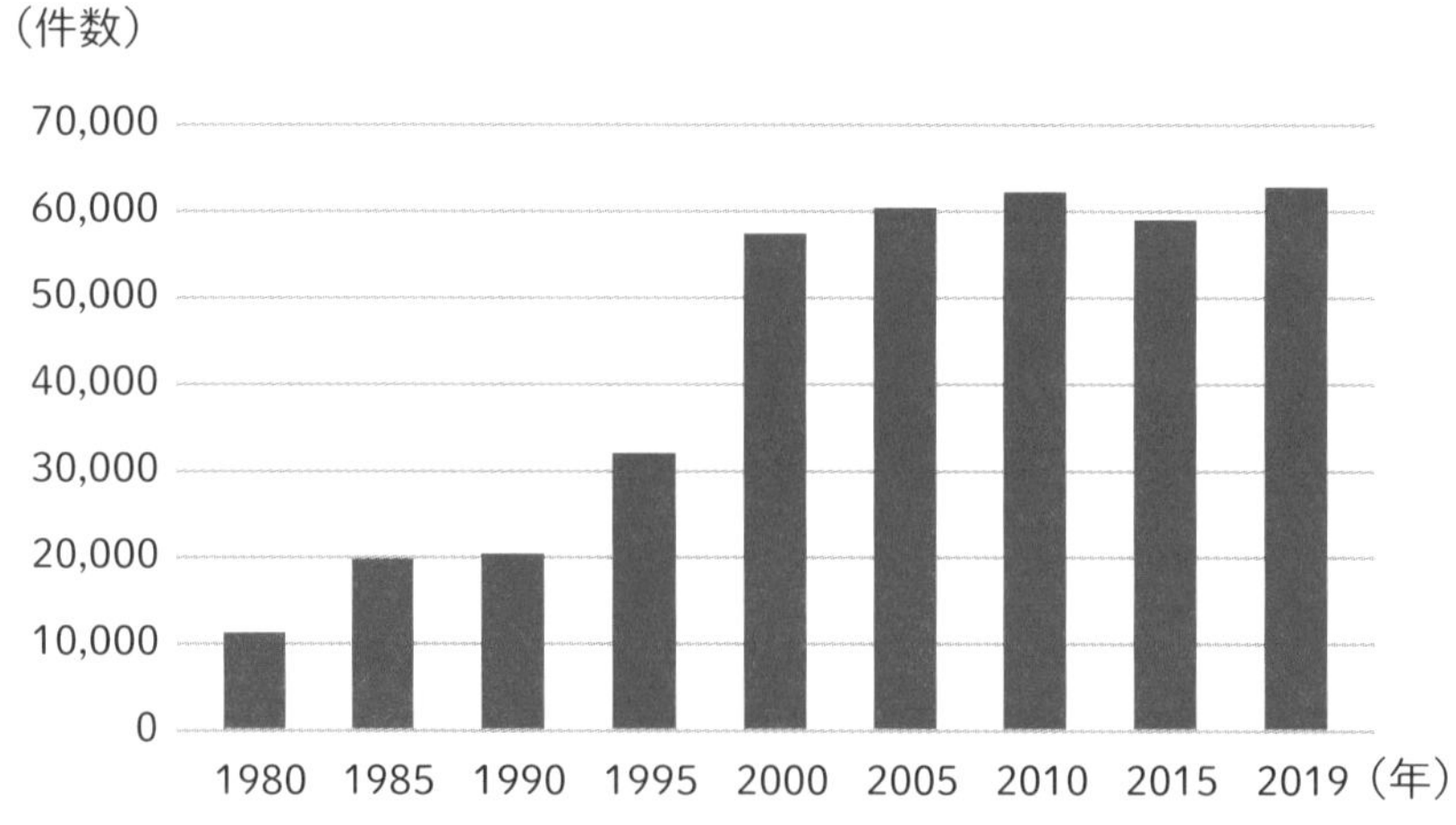

※出典：厚生労働省「人口動態調査2019年」別居時の年齢（5歳階級）別にみた夫—妻・年次別離婚件数（各届出年に別居し届け出たもの）

3年別居すれば離婚が成立しやすくなる

ただ、熟年離婚をするといっても、相手方にも同じような意思があれば話もスムーズですが、一方が離婚を望んでいない場合や離婚条件で折り合いがつかない場合は、家庭裁判所に離婚調停を申し立てることになります。

裁判所が離婚を認めるためには、次の5つの「法定離婚事由」のいずれかを満たさないといけません。

1 相手に不貞行為（浮気）があった
2 相手から悪意をもって、夫婦の同居・協力・扶助の義務を放棄された
3 相手の生死が3年以上不明
4 相手が重度の精神病にかかり回復の見込みがない
5 その他、婚姻を継続しがたい重大な事由がある

熟年離婚では実際は5が多いようです。

なお、3年別居していれば法定離婚事由として認められると聞いた人も多いかもしれませんが、相手に拒否されれば成立はしません。とはいえ3年も別居をしていれば、お互いの気持ちはほぼ離婚の方向で固まっていきますから、離婚は成立しやすいのが実際のところです。

ちなみに慰謝料については、1の不倫がわかりやすいでしょう。一般的には、100万～300万円が相場です。不貞行為を含め不倫でなくても、家庭内暴力や生活費を入れないなどDVも有責行為とみなされ、慰謝料の対象となります。

離婚で財産分与したのに、相手の財産がほとんどもらえない場合

離婚した場合、原則として夫婦で財産を分け合うことになります。ただし、**【民法768条3項】離婚に伴う財産分与**」の対象となるのは、**「婚姻期間中にその協力によって得た財産」**です。

例えば、プロ野球選手であれば現役時代は大活躍すれば年俸数億円。CMでも収入があり、資産数十億円を築いたというスタープレイヤーもいるでしょう。でも現役を35歳で引退して翌年からコーチもせず無収入で、引退後に結婚したとしましょう。

この夫婦が離婚した場合、財産分与の計算は、現役時代に築き上げた数十億円の資産は対象にならず、あくまで結婚当時から得た財産がベースになります。つまり、無収入からの計算になるので、夫から妻に分与する財産はゼロとなってしまいます。ちなみに相続時の遺産分割においては、結婚前の財産も含めて対象となります。

ただし、結婚後の財産であっても、それが親からの相続または贈与を受けた財産である場合、その資産については離婚時の財産分与の対象とはなりません。

このように離婚したからといって、すべての財産が分与対象となるわけではないのです。財産分与の対象となる財産とそうではない財産をまとめると、次の通りになります。

財産分与の対象となるもの

- 現金・預貯金（婚姻後のものであれば、名義人はどちらでもよい）
- 有価証券（株券、債券など）
- 不動産（土地、建物など）
- 家具・電化製品
- 自動車
- 金銭的価値の高い品物（骨董品・絵画などの美術品、宝石、着物など）
- ゴルフなどの会員権
- 保険料（生保、損保、学資保険など）
- 退職金・年金
- 負債（住宅ローン、子どもの教育ローンなど）

財産分与の対象とならないもの

- 婚姻以前にそれぞれが取得した財産（負債を含む）
- それぞれの家族・親族から贈与された、または相続した財産（婚姻期間中を含む）

●婚姻後、趣味・浪費・ギャンブルなどのために個人的に作った借金
●別居後に各々が取得した財産

退職金がまだ支払われていない場合でも、将来的に支給されることがほぼ確実であると見込まれる場合は、財産分与の対象になると考えられます。しかし退職金の全額が対象になるわけではなく、あくまでも婚姻期間に応じた部分のみが対象になると考えられています。

また、財産分与で最も大きな問題になる財産が自宅。たいてい、最も資産価値が大きくなるからです。

自宅を売却して、残債（ローン返済中の、まだ返済していない借入金の残額）を差し引いたのちに、二人で現金を分け合うのが通常です。売却価格が残債を上回る場合は問題ありません。二人で分け合えばよいからです。

一方、残債が売却価格を上回っているケースでは、裁判所はそもそも財産分与の対象にならないと判断します。どちらかが住み続けるのを希望する場合は、相手の残債を受け持つことで名義変更することもできます。

購入時の価格が３０００万円のケースで考えてみましょう。離婚時の売却価格は２０００万円、ローンの残債は１０００万円、財産分与の割合は夫50％・妻50％とします。

まず、財産分与の対象となる資産の評価額は、購入価格ではなく売却価格になりますから、2000万円です。

ただ、二人で分け合うのはなにもプラスの財産だけではありません。残債の1000万円も等しく半分ずつ分け合うのです。以上から夫も妻もそれぞれ、売却額2000万円の半分である1000万円がもらえ、残債1000万円の半分の500万円を抱えます。結局は夫も妻も各々、1000万円−500万円＝500万円が手元に残るのです。

もし妻が自宅を自分だけの名義にしたい場合は、夫に対して500万円を支払い、夫が了承すれば、自宅は妻だけのものにすることが可能です。

妻に味方し、夫には厄介な存在となる婚姻費用

熟年離婚では、婚姻費用の存在も大きいです。婚姻費用とは、通常の社会生活を維持するために必要な費用のこと。生活費だけでなく、居住費、学費までも含まれます。熟年離婚の場合、子育てが終わっていることから妻に別居される可能性が高く、となると離婚協議中の**妻の居住費も夫は負担しないといけなくなります。**

民法760条で、婚姻費用について次のように定めています。「夫婦は、その資産、収入その他一切の事情を考慮して、婚姻から生ずる費用を分担する」。婚姻費用をはじき出す計算式は裁判所にあり、支払額が自動的に決まります。

しかも、仮に離婚協議が3年かかったとしても、その間も婚姻費用は払い続けなくてはいけません。離婚が成立すれば夫の財産は半分となり、プラス弁護士費用も加わると、定年退職以降は一気に生活費の計画は狂うことに。妻側は、今まで何十年と続いてきた我慢が、弁護士とのタッグと民法の規定によって救われることができます。「法律は知っている人の味方になる」ということをお互い覚えておく必要があるのです。

男性だけでなく女性も、ジリ貧生活が待ち構えている

男性の立場から見ていきます。子育ても家事も、ほとんど妻に任せっきりにしていた男性が大半でしょう。ビジネスマンとしての段取りや立ち振る舞いだけは一流だったかもしれませんが、一歩台所に入りお茶を入れることにも右往左往するようでは、**日常生活すらおぼつかなくなります。**外出が減り、栄養を十分に摂らず、社会的に孤立することによって、**老化を早め、精神的なうつを引き起こす**可能性も。

女性のほうはどうでしょうか。**離婚で資産も年金も半分もらえるからと安心してはいけません。**年金がもらえるといっても、その額はわずかです。

住居はどうでしょうか。別れた夫が、家にタダで住まわせてくれることはありません。そんな優しい夫であれば、そもそも離婚もしていないはずですから。一緒に暮らしてきた自宅を売却し、税

金を払い、そして半分にして、手元に残った資金2000万円が手に入ったとしましょう。この資金で部屋を借りた場合、家賃10万円×12か月×20年だとすると、計2400万円。60歳で離婚したとすると、80歳の頃には資金がショートして、賃貸で住めなくなります。女性は二人に一人が90歳まで生きる時代なので、この先もまだまだあります。

なおこの話は、男性にも同じことがいえます。お互いの実家に住めるかどうか、実家を相続できるかどうかでまた状況も変わります。

熟年離婚を回避する最大の秘密兵器はペット

夫婦といっても、元々は赤の他人。長い間一緒に暮らすには、お互いを理解するなど夫婦関係をよくする努力が必要です。この努力は、結婚記念日にだけ高級レストランに行くことではなく、思いやりを毎日重ねていくことが欠かせません。

とはいっても、50代・60代になってお互いの性格や生活習慣はそう変えることはできないし、相手に変わることを要求するのも無理があります。子どもが自立して社会人になれば、空き家と思えるぐらいの会話がない静かな家にたいていはなります。**子育てはある意味、コミュニケーションのきっかけを生んでいた**のかもしれません。

熟年夫婦円満のカギはペットだと思っています。70代で仲のいい夫婦はたいがい、犬や猫を飼っています。ペットが二人の共通の話題・関心事になってくれているのでしょう。

さてあなたは、どんなペットを飼いますか？　犬がペットであれば毎日の朝の散歩で足腰にもいいですし、**子どもがペットに会いたくて実家に来る頻度が増える効果**も期待できます。チワワのような可愛いペットであれば、犬の散歩中に若い女性と話す機会も増えるかもしれず、おじさんには嬉しいでしょう！　ペットは老後を明るくするエネルギーがあります。ちなみに私は柴犬を飼いたいです。

コロナ禍によって、定年前なのに老後生活が見えてしまった

コロナ禍となり、生活が次のように変わった家庭は多くなっているようです。

1 夫の収入がダウン
2 リモートワークで自宅にいるにもかかわらず、夫は家事・育児に全く参加してくれない
3 妻は夜ごはんに加え、昼ごはんまでも毎日作るのがしんどい
4 夫はストレスから、暴言や暴力が増えた
5 パートの仕事が減って精神的にも金銭的にも辛いのに、夫はわかってくれない

定年前にして既に、ひと足早く老後の姿が見えてきたパターンです。今の状況から、定年退職後も平日のランチは作ってくれないだろうと不安になる夫。私も同じ年代として、他人事とは思えま

せん。このような状況で、老後の夫婦生活は続けられるのでしょうか。

一方で、夫婦仲がよくなった家庭もあります。コロナの影響で飲みに行ってしまう頻度が減った、子どもと一緒にいる時間が増えたなどは、家族にとってプラスに働くでしょう。

熟年離婚はとにかく、日々のお互いの思いやり、発言、行動の積み重ねが大きく関係するのは間違いありません。普段から夫婦の関係がよければ、コロナが原因で離婚することはないはずです。

60
歳

年収は半分、仕事は新人レベルに逆戻り

定年後の進路は4つから選ぶことになる

60歳に定年を迎えたとしても、すぐに年金がもらえるわけではありません。現在の年金制度では、男性は、1961年の女性は1966年の4月2日以降に生まれた場合は、受給は原則65歳からとなります。公務員やサラーリマンは、60歳以降の5年間を切り抜けなければいけません。定年がない自営業のほうが、この5年間の収入は確保しやすいかもしれないです。

それを受けて国は「高年齢者雇用安定法」を制定、希望すれば65歳まで働き続けることが可能な世の中となりました（全企業で義務化されるのは2025年4月から）。実際には高年齢者雇用安定法によって、多くの企業は定年引上げではなく、継続雇用制度の導入を取り入れました。一旦60歳で定年退職して、退職金を支給する。そして再雇用という名目で契約社員となる形です。

2021年4月からは努力義務ではありますが、社員に対して70歳までの就業機会確保を企業は求められることになりました。つまり、**年金受給開始年齢のさらなる引き上げの下地は既に整っているのです。**

もちろん、定年退職して違う会社に転職するという選択肢もあります。もしくは、起業というカードを使うこともできます。ゆえに、定年後の進路となる代表的なものとして、次の4つが挙げられます。

定年退職後の4つの進路

1 **再雇用**
2 **転職**
3 **起業**
4 **仕事からの解放（アーリーリタイア）**

では退職後に、再雇用、転職、起業、アーリーリタイアの4つのシナリオのうち、どれを選ぶことが正解でしょうか。それぞれの進路について考えていきましょう。

【進路その1】再雇用 不安要素が最も少ない安全パイ

再雇用は退職後の王道パターンで、収入も他の選択肢に比べて安定的で、リスクの少ない選択肢。そして、一番お勧めのパターンです。

会社、仕事内容、職場環境、人間関係のいずれにも慣れ親しんでおり、これまで培ってきた信頼関係も利用できるので、スムーズに移行しやすく、仕事も継続しやすいでしょう。厚生労働省「平成30年「高年齢者の雇用状況集計結果」によると、60歳定年企業における定年到達者の動向として84・4%が継続雇用者となったので、実際に約8割が同じ会社での再雇用で継続しているといえそうです。

ただ、残念ながら仕事内容が同じでも、**給料はこれまでと同じというわけにはいきません。**会社としては、元々60歳定年を想定していたものが、政府の都合で65歳まで雇用を延長しているからです。同じ給料を支払うなら、これからの成長が期待できる20代・30代を雇用したいというのが本音。給料は半分もしくは、3分の1くらい下がることを覚悟しなくてはいけません。雇用形態も一年契約が主流です。

独立行政法人労働政策研究・研修機構の調査によると、60歳定年前後の賃金額の増減率は、41〜50%の減少とする人が23・6%、次いで31〜40%の減少が17・4%、21〜30%の減少が12・4%となっています。

収入面以外の主なリスクは、**メンタル**についてです。今までは役職があって社内での存在感が強い仕事を任されていましたが、単調で目立たない仕事を繰り返すのに耐えられるか。若手が多い職場に60歳の社員が混じることで社内での不和が生まれ、その対応を求められることもあります。

収入減やメンタルでのリスクはありますが、その代わりに65歳まで給料が保証されるという安心感を得ることができます。妻としても夫に家に四六時中いられるよりも、これまで通り仕事のある生活を続けてくれたほうが、気持ち的に楽ではないでしょうか。

【進路その2】転職　茨の道で勧めにくいが、やりがいが大きいことも

定年後の転職には2つのパターンがあります。

一つは、これまでの社会人人生で培ってきたスキル・実績・人脈を生かして、現役時代並みの年収をほぼ維持するかたちで転職するパターン。

ただ残念ながらこのパターンでは、心が折れる人も出てくるかもしれません。転職サイトに登録しても、書類選考ではじかれて面接すら受けられないリスクがあります。**よほどの技術やキャリアがないと難しい。**定年前に培ってきた人脈や経験は、時間の経過とともに劣化していきます。脳も体力も委縮して、パフォーマンスは確実に下がっています。**このパターンの転職で成功する確率が高いのは、知り合いの紹介や知人が経営している会社に入ること**です。

もう一つの転職パターンは、60歳の機会に全くの異業種の仕事に挑戦すること。異業種というと気後れする人もいるかもしれませんが、本当にやりたかった仕事や前から興味のあった業界で働く最後の機会です。定年後は給料が下がることのほうが多いですし、今までの仕事をずっと続けるの

も飽きることもあるでしょうから、だったらせっかくなので、今までできなかった仕事をする。**生きがいややりがいなら、こっちのほうが得るものが大きい**でしょう。

しかし、異業種への転職は同業への転職よりもはるかに難しいのが現実です。定年までに培ってきたスキルを活かして転職というパターンが最もスムーズにいきます。本当に営業力があれば売る商品は選ばないでしょうし、経理マンとして高いスキルがあるのであれば業種は問わないはずです。いずれにしても、定年を迎えてからどうするのかではなく、現役のうちから、しっかりと自分の武器を磨き上げておくことが異業種転職への近道です。

【進路その3】起業
1円も稼げなくても費用はかなりかかる

定年後に法人を作って社長になる。長年サラリーマンをしていると「社長」という肩書に憧れる人も多いでしょう。実際、定年退職をしたら、会社を設立する人がたくさんいます。

法人を設立する際には、仕事の内容を規定する「定款《ていかん》」があり、ここにどんな事業をするのか記入する箇所があります。コンサルタント、不動産業、飲食業など、仕事内容に一貫性がなくても、様々な仕事を定款に加えていくことができます。

ただ気を付けなければいけないのが、**企業は運営しなくても、存在しているだけでお金がかかる**ということです。

法人設立の初期費用でおよそ20万～30万円、さらに法人を維持していくために税理士に支払うコストや税金を含めると20万～40万円がかかります。

定年後の起業として飲食店はよくありますから参入はたやすいかと思うとそんなことはなく、初期コストは結局、1000万円以上かかるのが通常です。

法人には、赤字になったのに払わねばならない「法人住民税の均等割」というものもあり、資本金や従業員数がいくら小規模でも年に7万円は発生します。

さらに、給料を家族に実際支払うとなると、その社会保険料も払わなくてはいけません。

起業といっても、本来の目的は「会社に頼らず、自分の食い扶持《くぶち》を自分で作ること」。**生活費をしっかりと稼げるのであれば、法人を作ることにこだわる必要はない**のです。

時流でいけば、YouTubeチャンネル開設、オンラインサロンもあります。YouTubeであれば、チャンネル登録者数が1000人を超え、直近の12か月間の総再生時間が4000時間以上になると、収益化の権利が発生します。趣味でかなり造詣が深ければ、その楽しみ方などをコンテンツにして稼ぐことも可能です。

【進路その4】アーリーリタイア 心底楽しめる趣味がなくて充実しない人多し

現役時代にコツコツと積み上げてきた資産から得られる収入で暮らすということです。老後、不労所得で左うちわの生活はまさに皆の憧れ。アーリーリタイアは、ほんの一握りの人ができることでしょう。

しかし、運よく不労所得が生活費を上回る経済的自由を獲得できたとしても、問題があります。これは仕事や資産形成に真面目に取り組んできた人ほどよく当てはまるのですが、せっかくの時間を持て余してしまうのです。

本来であれば、現役時代にできなかった趣味を思う存分楽しめばよいのですが、肝心の趣味がない。旅行するにしても（コロナによる不要不急の外出の自粛を差し引いたとしても）、1年もすれば行きたい場所もなくなるでしょう。**余暇が楽しめるのは、主である仕事の時間があるから**です。余暇しかなければ、それが主たる時間で、埋めるべき時間となってしまいますので、楽しめなくなるのです。

「定年後に、あれもしたいこれもしたい」という人がいますが、**定年後に始めるのではなく、「今この瞬間」から始めることをお勧めします。**そうすることであなたの本当に没頭できる趣味が見つかり、それが老後の生きる糧になってくれるはずです。

あの希代《きだい》の投資家・バフェットでも何十兆円の資産があっても投資や企業研究を続けています。「アーリーリタイア＝仕事をしない」となって何もしない生活で、逆に自分の心と体の資産を目減りするようではいけません。

夫はテレビのリモコンを捨てて仕事に出よう！

60歳を過ぎたら、定年退職して悠々自適の生活を送れるのはごく一部の人です。数十年前とは環境が変わり、60歳を過ぎても働き続けることが常識になりつつあります。「まだローンが残っている」「妻からの働いてほしいという無言の圧力」で、自分の意志に反して働く人も多いでしょう。

長年夫を支えてきた妻にとって、素直に「お疲れさん、もうゆっくり休んでいいよ」と言うのは難しいのが現実。長かった更年期障害も耐えてきて、子どもの受験戦争も乗り越え、ようやく友だちとゆっくり旅行でもしたり、今までやれなかった趣味に没頭したいという矢先です。第二の青春ともいえる時期に、定年退職した夫の面倒は勘弁してほしいと思う妻は多いのです。男性にとっては厳しい話ですが、月曜日から家でくつろがれて、朝昼晩と「メシはまだか」攻撃を３６５日耐える気力は奥さんにはありません。むしろ、奥さんのためにご飯を作るべきでしょう。

【56歳】の熟年離婚のパート（p45～）でも書きましたが、「妻が長年言えなかった」「言っても聞いてくれなかったこと」に対する積年の恨みは大きいことを、夫は知るべきです。普段から感謝とねぎらいの言葉をかけ、そして積極的に家事をしてもドヤ顔しない男性であれば、そんなことはないかもしれませんが。

ただ、今このパートを読んで、少しというか、かなり心当たりがある人は、**経済的に余裕があっても働きに出続ける気持ちが大切**です。働くことで社会とのつながりを持つこともでき、生きがい

50歳 51歳 53歳 55歳 56歳 60歳 61歳 62歳 63歳 65歳 66歳 70歳 72歳 75歳 77歳 79歳 80歳 82歳 90歳 100歳

を感じるでしょう。

定年前の生活より、**60歳過ぎてからのほうが自由に使える時間があります。**リモコンを握りしめて、一日中テレビの前でグデ～ンと寝転がっているのはもったいない！　私の結論は、働くことを前向きにとらえるということ。積極的に仕事に取り組んでいきましょう。

61歳

「親の死」より「定年退職」のショックからのうつ病

うつ病になる人多し。放置すると認知症発症の確率アップ

今、若い20代・30代のうつ病が、新型コロナの影響で増えています。心療内科は大混雑。大学の授業がオンラインになり、毎日部屋に閉じこもる生活です。あわせてサークル活動も制限され、外出の回数と友人とのコミュニケーションが減ります。生活環境の急激な変化です。心の病気が発症しやすい環境になっています。20代の場合はまだ親との同居をしているケースが多く、親が心配になって心療内科に連れていくケースが多いそうです。

一方で60歳以上になると、自分自身でまたは家族に連れられて病院に行くケースは稀。「夜眠れない」「食欲がない」「しんどい」という体調不良から内科で受診、そして心療内科で診てもらうというケースが多くなっています。うつ病患者が初診で行く診療科は、約65%が内科、約10%が婦人科というデータもあります。その診断の中でうつっぽいという症状から、うつ病を診断されるパターンが20代との大きな違いです。

友人の医師から聞いた話ですが、受診で来た高齢者の半分ぐらいはうつ病の症状が出ているとのこと。

ここで、ある60代男性の事例をご紹介します。妻が更年期障害で毎日ストレスを抱えて自分に強くあたってくる。19歳の娘は思春期が終わっておらず、学校でちょっとしたことでSNSによるいじめにあい、不登校になって家で引きこもりになっている。そして、田舎にいる母親が認知症になって遠距離介護が始まり、お金の不安と慣れない介護で、体の不調が一気に出てきたとのこと。医師に「もう生きているのがつらい」と漏らしたそうです。妻、娘、母親の三者を原因とした老人性うつ病の発症です。

うつ病は、「国民病」ともいわれています。日本でうつ病は生涯罹患《りかん》率が約6・7%で、15人に一人は一生に一度はかかる病気という計算になります。世界にまで目を広げれば人口の3〜5%が発病しているといわれているので、**日本ではうつ病が世界の平均より多い**ことがわかります。

厚生労働省のデータによると、うつ病患者は**平成29年度は平成20年度と比較して20%も増加。発病しているにもかかわらず、病院に行っている人は約3分の1しかいない**とも推計されています。

このうつ病のうち「老人性うつ病」は40万人といわれており、多いのが実情。しかも、**うつ病が長引くと、認知症になりやすい**こともわかっています。

60歳以上のうつ病は周囲になかなか気づかれない

次に、性別・年代別でうつ病患者数を見ていきます。

図6によると、どの年代であっても女性のほうがうつ病に罹患しやすいことが確認できます。全世界的に、女性が男性の2倍かかりやすいこともわかっています。

特に女性は40代に差し掛かると、ホルモンバランスの変化から体調不良を起こしやすくなり、動悸やイライラなどいわゆる更年期障害の諸症状が見られるようになります。それに加えて、子どもがいる家庭では思春期真っ盛りで悩みも多く、職場で責任ある立場についている人も多いため、家の中でも家の外でも悩み事は尽きません。うつ病を引き起こす原因が揃っているのです。

男性は40代から50代前半にかけてうつ病のピークを迎えます。この年代の働き盛りのサラリーマンにとっては仕事の悩み、子育ての悩み、離婚、上司のパワハラをは

図6 性別・年齢別うつ病患者数

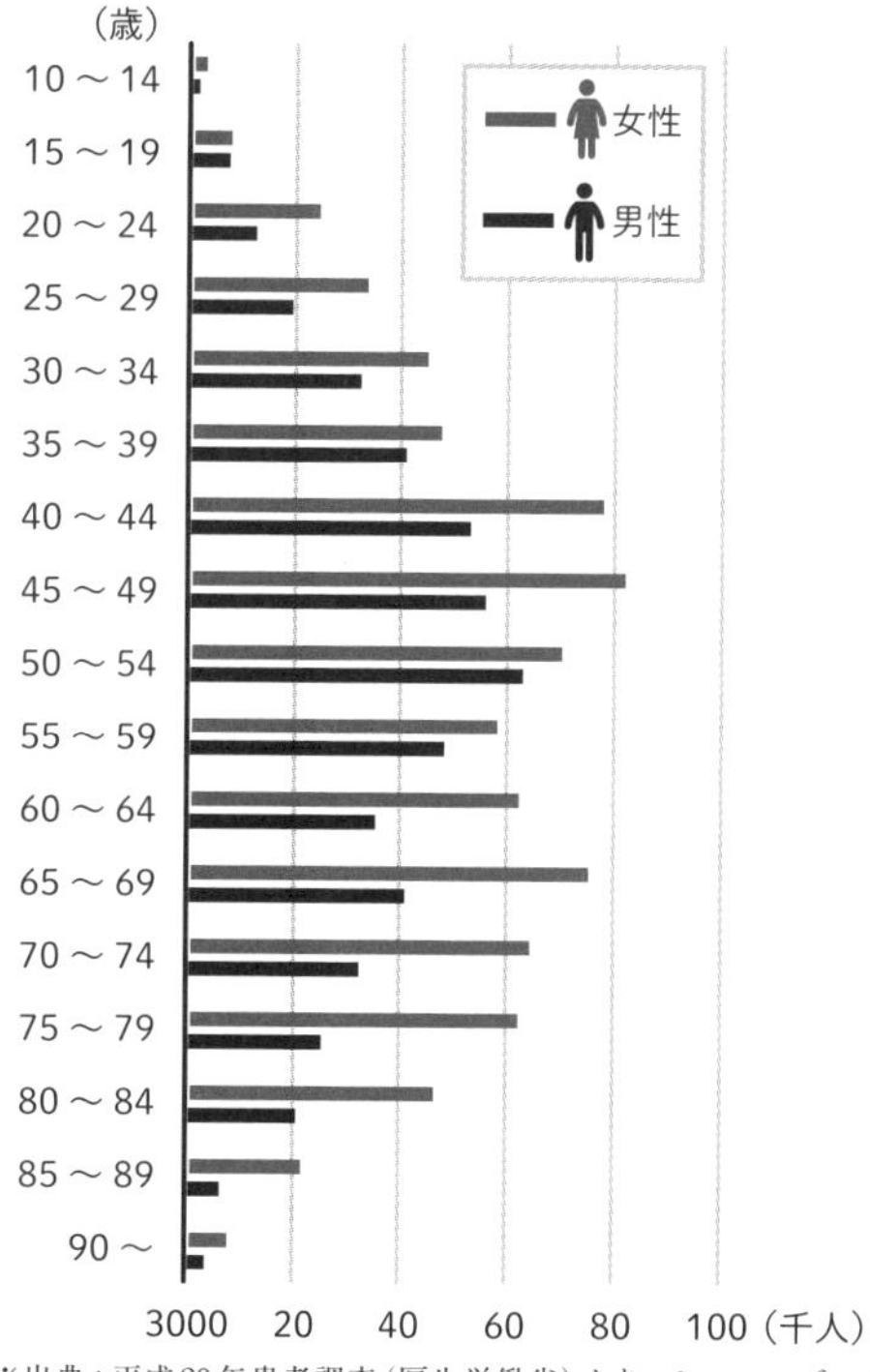

※出典：平成29年患者調査(厚生労働省)より、ウーマンズラボ(https://womanslabo.com/)が作成したもの

じめとした人間関係など、精神的に追い込まれる要素が多くあるからでしょう。

また、年代別のポイントとしては、**男女ともに65歳以降になるとまた患者数が増える**ということ。この老人性うつ病は65歳以上の方が発症する病気で、**老化が決定的な原因ではありません。**仮に老化が原因であれば、誰もが65歳には発症しますが、実際に患っているのは一部の割合です。そこで、発症の原因を事前に知っておくことが、長い老後を過ごすにあたっては重要になってくるのです。

老人性うつ病は、心と体の急激な変化が原因です。**老後の心理的側面に大きな影響を与える変化として、男性はなんといっても「定年退職」**があります。ですから、老人性うつ病の実際の発症は65歳以上ではあるものの、定年を迎えて間もない61歳頃の過ごし方が大事だと考えて、うつ病のテーマを扱うのは61歳としました。

大学を卒業して、入社して会社一筋のどっぷりサラリーマン生活を過ごしてきた人は要注意。定年退職というのは、自分の親が亡くなるよりインパクトが大きいこともあるのです。

サラリーマン時代は、部長、課長と役職も付けて呼ばれていたのが、孫が生まれると「おじいちゃん」「おばあちゃん」もしくは「じじ」「ばば」というように、自分の名前すら呼ばれなくなります。役割や立場が顕著《けんちょ》に変化するのです。

また、会社員時代には通勤に便利な立地のマンションに住んでいたのが、退職を機会に生まれ育った地方に戻り、住環境が変わることもあります。憧れの田舎暮らしをスタートさせる人もいるかもしれませんが、**劇的な住環境の変化、これまでの人とのつながりの断絶**が、心をいっそう不安定にすることも多いのです。

老人性うつ病で厄介なのは、発見が難しい点にあります。若い時であれば、会社の人や家族が近くにいて、「不登校」「会社に行かない」「家に引きこもりがち」と、うつ症状の兆候がはっきりと見て取れます。一方で老後の65歳以降になると、退職もすれば家にいるのは当たり前で、年を取ったから外に出歩かないのも不思議ではありません。また、会社から離れれば家族といっても配偶者だけであれば、お互い無関心のケースもよくあること。だから老後は、周囲からうつ病だと気づかれることが少ないのです。

「何となく一日中、テレビの前でぼーっとしている」「趣味だったゴルフにも行かなくなった」「新聞・雑誌を読まず、世間に関心を向けなくなる」。こういったことは一見すると「定年退職後の生活はこんなものだろう」と思ってしまいますが、これが実はうつ症状という可能性もあるのです。しかも、認知症の初期症状とも似通っていますので、認知症かと思ったら実はうつ病だったということもあります。

女性のほうが2倍うつ病になりやすいのは、原因が多すぎるから

先にお伝えした通り、**男性よりも女性のほうが2倍もうつ病になりやすい**ことがわかっています。月経、妊娠、出産、出産に伴うホルモンの変動、恋愛、結婚、ママ友とのコミュニケーション疲

れ、働いていれば理不尽な仕事、会社での上司のセクハラ、パワハラ……、悩みは尽きません。様々な問題が絡み合い、**うつ病の根本の原因を見つけるのが難しい**ぐらいです。

世の風潮といえば、「働きなさい」「子どもを産みなさい」「ワーク・ライフ・バランスをとりなさい」「親の介護もしなさい」「美容にも気を付けなさい」といったように「いっぺんにできるわけないよ。どれを優先すればいいの？」と矛盾だらけの世界に放りこまれ、逃げ場がありません。

真面目で問題を抱えてしまうタイプほど、うつ病にかかりやすくなります。専業主婦も先の高齢者の例と同様に、うつ病発症に気づきにくい状況に置かれています。気分がすぐれなくても、家事や育児でただ疲れているだけだろうと思って終わりで、ゴロゴロとして過ごすだけだったりで、うつ病だと自覚できない。外で働いていれば、職場で同僚や自分自身で、仕事のパフォーマンスが落ちていることで気づきやすいのですが、そんな機会もありません。

うつ病は女性だけでは解決が難しいので、世の男性が女性の問題から逃げずに寄り添うことがますます大事な時代に入っているといえます。男性は、会社勤めでも居酒屋で飲み明かしたり、「接待」という名の実態は「遊び」のゴルフに行ったり、逃げ道はいろいろなパターンがありますが、女性は逃げ道が限られていることも多いのです。

男性側は、「妻が今まで子育てや家事に奮闘してきて、文句を言う暇がなかった。文句を言ってもどうせ聞いてくれないから黙っていただけ」という事実を知る必要があります。

女性も男性も知っておきたいのは、定年をこれから迎える男性にとっては、さまざまな人生の大転機において、環境変化によって老人性うつ病を引き起こすことです。
夫婦間での心の問題をなおざりにすると長期化して、自分自身に跳ね返ってきます。

チェックリストでうつ病かどうかを確認しよう

自分もしくは配偶者、両親にうつ症状が出ていないか、次のチェックテストで確認しましょう。

多いほど、症状が出ていることになります。

●うつ病チェックテスト

- □体の不調を訴え続けるも、原因がはっきりしない
- □寝付けない、眠りが浅い、朝早く目が覚めるなど不眠の悩みがある
- □記憶力の低下を自覚し、心配している
- □食欲がなく、やせてきた
- □以前と比べて口数がひどく少ない
- □ささいなことでも心配して不安を訴える
- □死をほのめかす言動がある
- □家に閉じこもって、好きなこともしなくなった
- □急にだらしなくなり、お酒ばかり飲んでいる

□ イライラしがち。すぐに泣き出す

実際にうつ病を原因とする自殺が多いことが、データから明らかに

うつ病が若者、中高年だけの病気でないように、自殺もまた若者、中高年だけのものでもありません。**自殺者に占める高齢者の割合は、いつの時代もおおよそ3分の1と多め**です（図7）。

高齢者による自殺の原因のうち、健康問題が非常に多いことが図8（P73）からわかります。

さらに健康問題による自殺者数の内訳を見ると、うつ病が比較的多いことが図9（P73）から示されました。

しかも高齢者の自殺者のうち、約65％がうつ病を患っていて、うつ病よりも軽いうつ状態まで含めると約75％にのぼります。

また、65歳以上1・5万人に対する調査では、

図7　年齢階級別自殺者数の年次推移

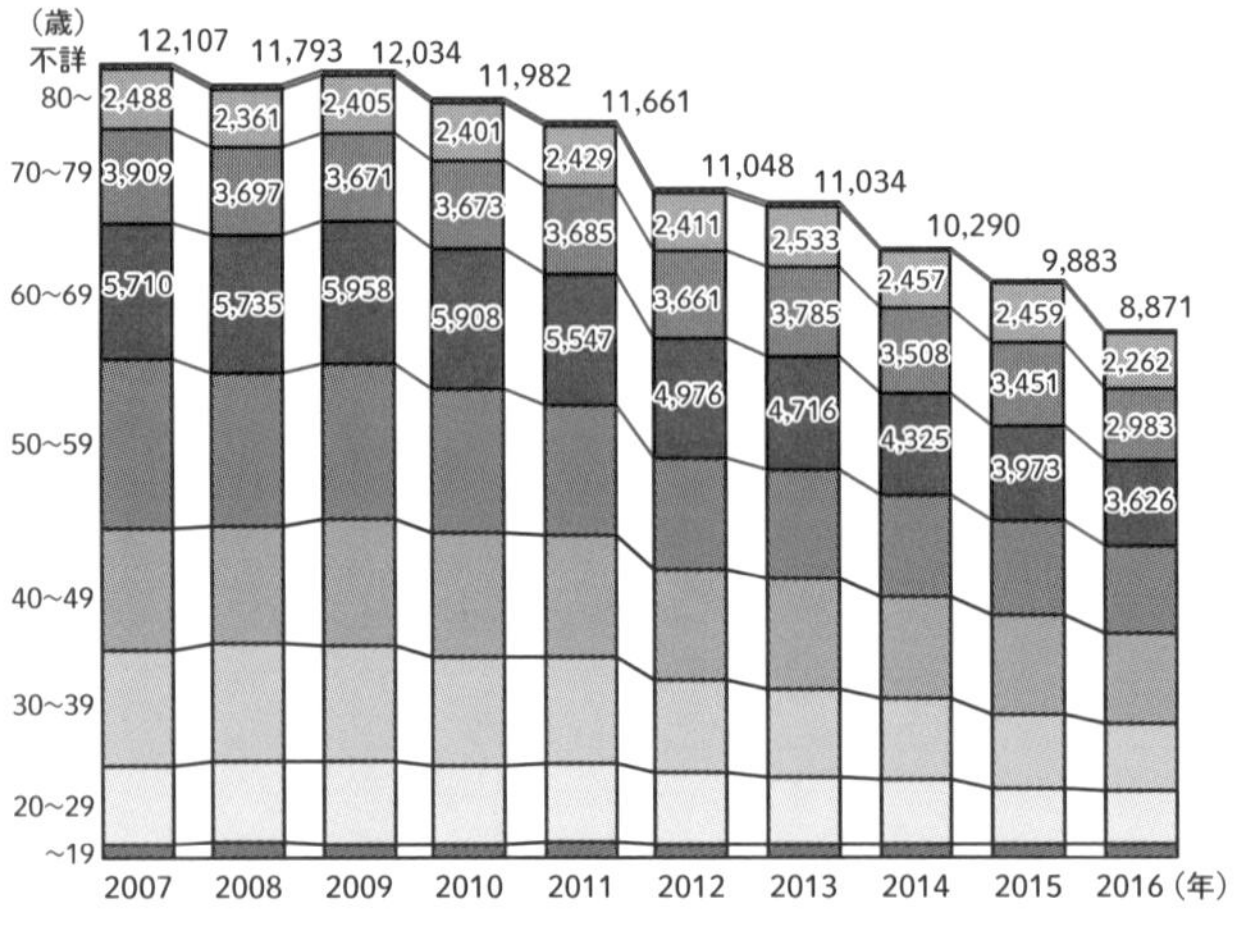

※出典：「警視庁自殺統計原票データ」厚生労働省自殺対策推進室

図8 年齢階級別、原因・動機別自殺者数

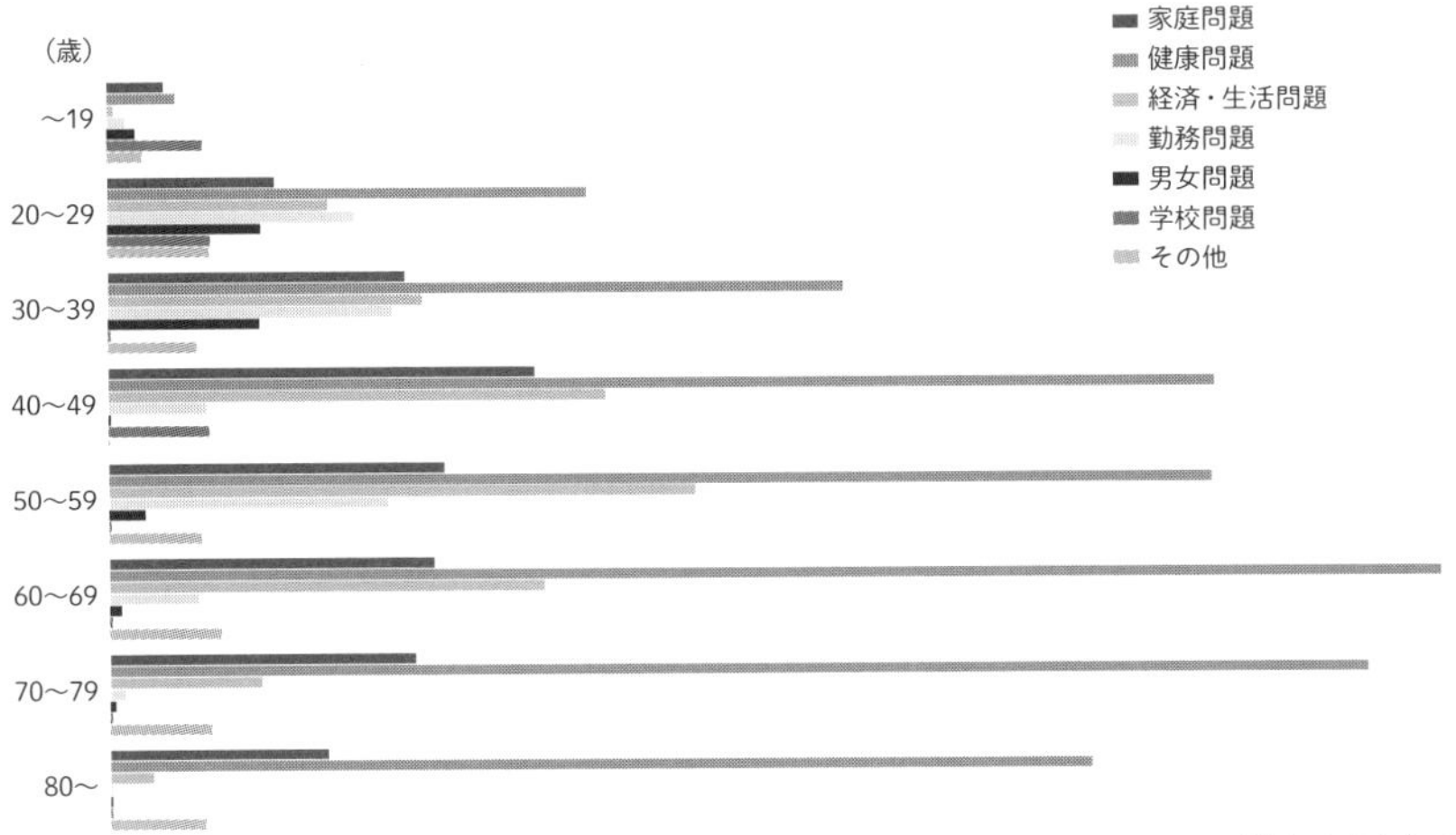

※出典：厚生労働省自殺対策推進室「警視庁自殺統計」

図9 健康問題による自殺者数の内訳の年次推移

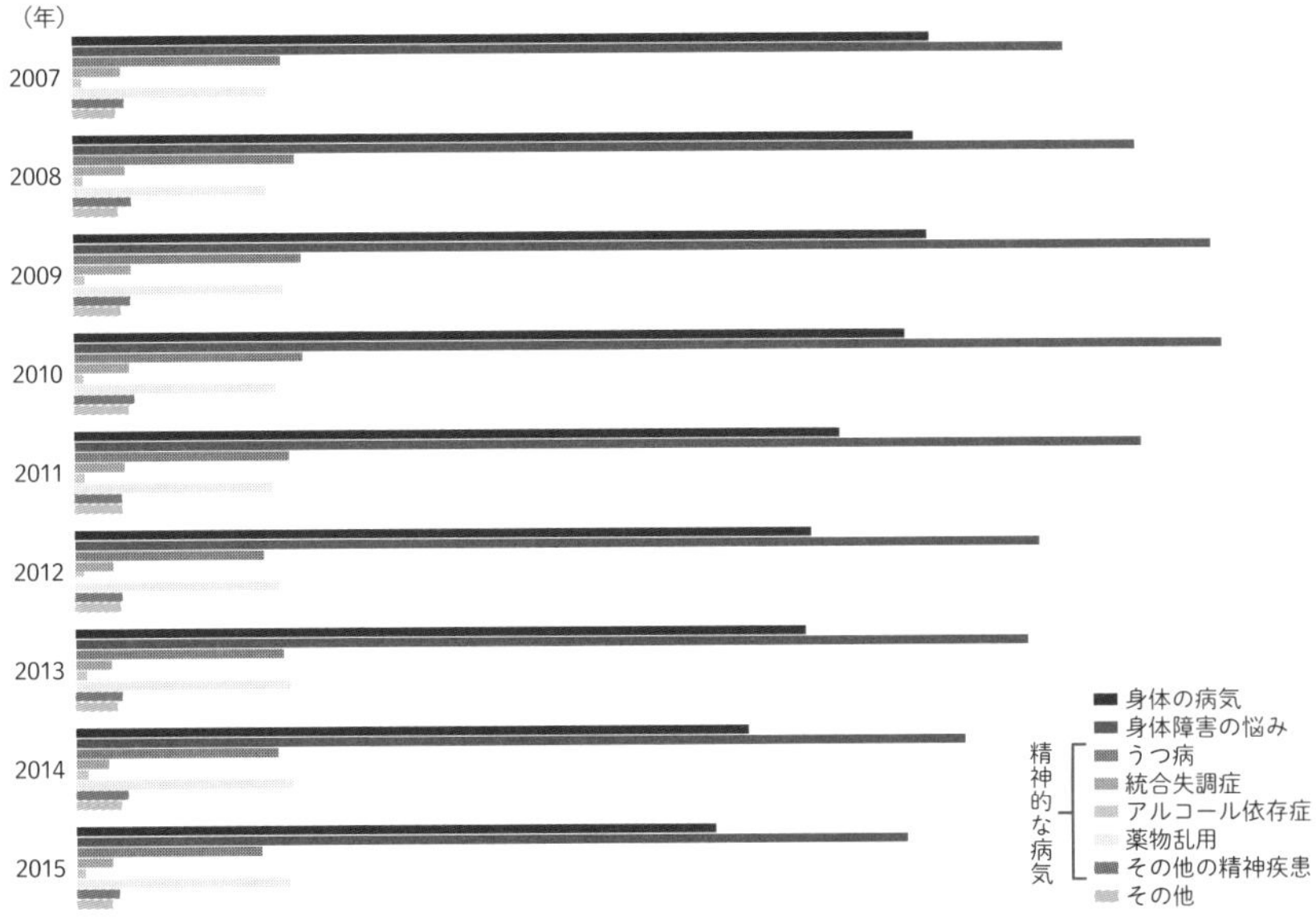

※出典：厚生労働省自殺対策推進室「警視庁自殺統計」

うつ病症状が自殺の最も強い危険因子であることが見出されました。

若い時であれば親や子どもが近くにいるので、「自殺したら悲しませることになる」という思いが自殺を辞めるブレーキになります。一方で高齢になると、配偶者に先立たれ子どもが疎遠な環境になるなどで、「この先、生きている意味がない」「誰も悲しむことはない」という衝動に駆り立てられて、自殺を実行しやすくなるのでしょうか。

朝、15分の散歩をするだけでうつ病にかかりにくくなる！

高齢者にとって恐ろしいうつ病ですが、対策としては老人性うつ病にならない習慣を作っていくことです。

うつ病になる要因の一つに、セロトニンという神経伝達物質の減少があります。セロトニンとは、別名「幸せホルモン」と呼ばれるもの。セロトニンが増えると、幸福感を得ることができるのです。

朝、**太陽を浴びながら散歩をすれば、セロトニンが分泌されます。**やすらぎや癒しが得られ、気分がよくなり元気が出てきます。一方でセロトニンが減ると、不安、心配、イライラ、落ち着かない症状が出てきて、慢性的になるとうつ病になるのです。気象庁と厚生労働省のデータを見ると、悲しいことに東北地方の日本海側と新潟県は、冬は日照時間が短いと同時に、自殺率も高くなってしまっています。太陽を浴びるということは大事な要素となるので、晴れた日は外に出るように心がけたいところです。

毎朝起きて犬の散歩をしている人を、よく見かけませんか。大好きなペットと一緒に朝日を浴びれば、セロトニンが分泌されます。実際にこのように散歩する人には、うつ病のイメージはありませんよね。

早起きするにはまず、早く寝ないといけません。気持ちのいい朝を迎えるには深酒《ふかざけ》や暴食はできません。朝の散歩を軸にすると、連鎖的にあらゆる行動が好転していくのです。

現役時代は朝早く通勤するため、時間はないでしょう。女性側も何かと子どもの通学の準備やら家事やらで、時間はありません。ただ少しずつでもいいので、長い老後に向けて老人性うつ病にならない習慣をつけていくことは大事です。朝散歩をすれば、帰ってからの朝食が美味しく感じられます。読書や趣味に前向きに取り組むこともできます。

何も毎日、10キロも走る必要はないのです。朝、15分散歩するだけ。雨の日はお休み。それくらいで十分で、無理をしないことが長続きする秘訣です。

ストレス解消にはいろいろな方法がありますが、**朝散歩こそ時間もお金もかけず、どこでもできる行為**です。明日からでも早速、始めてみませんか。

62歳

銀行の勧めで財産が「半凍結」状態に

退職金の使い道を銀行に相談してはいけない

「いくら貯金すれば老後を過ごせますか？」

世の中には、よい質問と悪い質問があります。中学生が社会の授業中に質問したのであれば、将来を考えるテーマとしてよい質問です。

しかし、質問者の年齢が定年退職前後で、本気で質問をしていたとすると、この先は厳しい老後生活を想定しないといけません。いくら貯金があれば生活レベルを落とさずに老後が乗り切れるのかは、自分自身で「答え」を持っていなくてはいけないからです。そうでなければ、金融機関からよいカモにされてしまいます。

具体的な数字で、老後に必要な貯金額を計算してみましょう。

日本の平均的な老後20年間の場合

（※日本の平均的な老後の家族にかかわる諸々の額は、次のようになっている）

●高齢夫婦無職世帯（夫65歳以上、妻60歳以上の夫婦の無職世帯）の家計収入は、平均で可処分所得20万6678円、消費支出23万9947円
●65〜84歳の医療費：1104万円。自己負担額は211万4000円
●介護費用（5年間自宅介護をした場合）：7万8000円（1か月あたりの平均介護費用）×60か月＋69万円（平均一時費用）＝537万円

老後に必要な貯金の額
＝【消費支出】－《可処分所得》
＝【（23万9947円×20年×12か月）＋（211万4000円＋537万円）】－《20万6678円×20年×12か月》
＝1546万8560円

リアルな必要貯金額が見えてきます。準備できていますか？

私が担当したお客様に、残念ながらわずか数年で退職金を半減させてしまった人がいました。退職金で銀行に勧められるままに投資信託を購入。ブラジルをテーマにした投資信託です。当時はBRICS（ブラジル、ロシア、インド、中国、南アフリカ）と呼ばれた5か国が注目を集めており、さらにブラジルのリオデジャネイロで五輪開催が決定。購入理由は山のようにありました。しかし

ふたを開けてみると、五輪開催前にブラジル株式市場は急落。資産を一気に減らしてしまいました。

今であれば、次のようなケースもよくあるのではないでしょうか。

Aさんは、老後2000万円問題がクローズアップされ、あと数年に迫る定年後の生活に不安を抱いて銀行に相談。あれだけ話題になったのですから、2000万円も資産がない人からすると60歳からでも投資をして増やさないといけないという思考になってもおかしくありません。

そこで銀行に相談しに行き、絨毯《じゅうたん》がふかふかの部屋に通され、重厚感のあるソファーにお座りくださいと促されます。しばらく待つと恰幅《かっぷく》のいい支店長と一緒に30代の若い担当者が入室してきます。

「銀行にこのままお金を預けていても、利子がつきません。運用して豊かな老後を過ごすために、資産を増やすことを検討しませんか？　実は、当行では退職金特別プランをご用意しています」

確かに預金だと今や超の超がつく低金利で、メガバンクの普通預金では0・001%。この投資信託の中味はよくわからないけど、この担当者なら信用できそうな気がする。雰囲気に巻き込まれて、こんな風に考えてしまいます。

投資信託を販売することは、今は銀行にとって貴重な収益源。1000万円など退職金を丸ごとつぎ込んでくれれば、銀行は手数料で高収入が得られるのです。

もちろん投資信託の価格が上昇すればAさんの利益になりますが、将来どうなるかはわかりません。購入した時点で銀行はしっかりと自分の儲けを確保していますので、値下がりリスクを負うのは銀行ではなくお客様、つまりAさんなのです。

もちろん、すべてが悪い投資信託ではありません。しかし、忙しい銀行員がお客様一人ひとりに見合った投資信託を、本当に提案できているのでしょうか。**お客様よりも銀行が儲かりそうな投資信託を売っているという側面のほうが強い**はずです。

退職金がみるみると減り、塩漬けとなり、最後は資産凍結に……

退職金は、年金と合わせて老後の生活設計の基本となる貴重な資産です。2000万円の退職金が20%目減りしたとすると、400万円も減ってしまいます。これは年金収入でいえば2年分に相当します（年金が月に16万円強だとすると）。**金融リテラシーがない状態で銀行の窓口で相談するのは、カモがネギをしょっているのと同じ**です。

資産を増やすのは、退職金が出た時からではなく、理想はもっと前（できれば、40代以前）からするのが正解です。退職金を特に資産設計のプランがない状態で、定期預金やら、投資信託、外貨建ての保険に組み替えると、80歳前後で苦しむことになります。

実際、私が認知症対策でお会いする80代前後のお客様はかなりの確率で、銀行で紹介された塩漬けの投資信託や外貨建ての保険を持っています。某上場企業に勤めていた75歳のお客様がいました。

8000万円の財産があると聞いて実際に調べてみると、現金は数百万円ほど。それ以外はほぼ、下落し切った投資信託や定期預金になっていました。

さらに問題となるのは、塩漬けになった資産は放置されやすく、保有者が認知症になると資産凍結になってしまうこと。**認知症になると意思能力が失われるので、何も対策をしなければ定期預金や保険の解約はできず、投資信託は売れません。**つまり、退職金を減らすだけ減らして、しかも最後は資産凍結で使えないという結末を迎えます。

投資信託が、資産運用に向いていないと言っているのではありません。何十年間も汗水たらして働いてきた功績の対価である貴重な退職金を、銀行に言われるまま使ってしまうのが問題なのです。「退職金特別プラン」という名のついたチラシを手に取ってはいけません。たいてい、銀行のカモにされる金融商品が載っているからです。

自分以上に自分のことを知っている人はいない

退職金の使い道は、支給された時ではなく、遅くても5年前から検討しましょう。むしろ、この本を手に取った今から考え始めてください。

アメリカでは、資産の運用をプロに頼むという文化があります。数え切れないほどの独立系のファイナンシャルアドバイザーがいて、300兆円も顧客から預かっている会社（チャールズ・

シュワブ）も存在するくらいです。その信頼できるアドバイザーを、定年退職から探すのではなく、退職前にじっくり検討するのが正解となります。

また、いくらアドバイザーが信頼できるといっても、あくまでもアドバイザーは助言を行う人。あなた以上にあなたのことを知っているわけでもありませんし、あなた以上にあなたとあなたの家族の将来を考えてくれるわけでもありません。自分自身でしっかりと資産運用の知識を身につけて、アドバイスを取捨選択する力を身につけることが大切です。

63歳

初孫誕生で心の資産拡大

孫が近くにいると幸福であることは、データで実際に示されている

誰もが知る国民的アニメの『サザエさん』。波平、フネ、サザエ、マスオ、カツオ、ワカメ、タラオの3世代が同居して、お互いが支え合う世界です。ちなみに波平は54歳、マスオは28歳。意外に若いと思った人も多いはず!?

今の日本では、3世代同居は非常に珍しくなり、割合はわずか5・7%。しかも『サザエさん』の舞台とされる東京の場合は、約1・8%と極端に少ないです（平成27年の東京都3世代世帯÷総世帯数で計算）。

3世代同居が2010年度で一番多いのが、山形県で21・5%。サザエさん型の3世代同居世帯が多いため、祖父母が孫の面倒をみてくれるせいか、山形県の女性の就業率は8割弱と全国では高めの水準です。

3世代同居のメリットは、パパ・ママが働きやすくなることに加え、高齢者にとっても孫と一緒に住めるということ。

幸福度をつかさどるホルモンとして「オキシトシン」があります。このオキシトシンは、人とのスキンシップ、愛情を感じている時に分泌されます。

高齢になると人と触れ合うことが極端に少なくなります。自分の子どもたちも大きくなって自分の家族を持てば、欧米諸国のように気軽に親子でもハグすることはありません。可愛い孫であれば、抱っこしたり、手をつないだり、たくさんスキンシップがとれるのです（コロナ禍により頻度は減ったかもしれませんが、元々同居していれば、そういった機会に恵まれていると思います）。**孫が可愛いというのは、科学的に幸せを感じることができるオキシトシンがたくさん分泌されているから**です。

老夫婦で「孫」という共通の話題ができて、孫の成長をサポートすることによる生きる活力が出るというのも、幸福度増大につながっているでしょう。

他に注目すべき県は、3世代同居の第2位の福井県。福井県は、日本全国で一番幸福度が高い県といわれています（日本総合研究所の調査より）。

子どもの出生率は全国5位（合計特殊出生率〈15～49歳の女性1人が生涯に産むとされる子どもの人数〉は1・55）、要介護認定を受けていない前期高齢者（65～74歳）の割合は驚異の96・8％で全国1位！　75歳を超えても73・1％で全国8位。さらに離婚率は1・66と、全国で7番目に低くなっています。サザエさん型の家族が多く、家族間のコミュニケーションが取れていることが、結果的に高い幸福度、高齢者の介護予防につながっていると推測されます。

私の両親も例外ではなく（福井県出身ではありませんが）、母は乳がん、父はいろいろな高血圧の持病がありましたが、孫のおかげで、びっくりするぐらい元気で明るくなったくらいです。

初孫誕生は、親子関係修復のラストチャンス

団塊世代の男性には、高度経済成長期に仕事ばかりしてきて、子育てにあまりかかわれなかった人も多いはず。私の父親もこの世代で、典型的な猛烈サラリーマンタイプでした。家事・育児は妻に100％任せて、自分は接待のゴルフ・カラオケ・麻雀で、昼も夜も週末もフル回転。父親として子育てをしたくても、今の時代と違い、「社会や会社など、環境がそうさせなかった」が正しいと思います。

孫ができたことにより、自分の子どもと交流できる機会が多くなります。シンプルに孫の成長を実感し、実の子どもと孫を通じて会話が生まれ、新たな生きがいが見つかります。

また、子ども世代の30・40代にとっても、実は大きな効果があります。現役世代は週末も何かと忙しいもの。親が孫の面倒をみてくれることによって、物理的に自分たちの時間がとれるというメリットもあります。

孫との交流が科学的にも幸福度に大きく影響していることは、お伝えした通りです。

ところが孫が生まれても、交流がほとんどないという家庭も少なくありません。その原因となるのが、これまでのコミュニケーション不足を原因とする親子間の不仲。

しかも、20歳を過ぎ子どもが自立すれば、親から離れていきます。軸が会社や自分の家族となり、親とのかかわりは劇的に減ってくるのです。マメに実家に帰っている子どもも中にはいると思いますが、10年近く親と会っていない子どもも珍しくありません。

とはいえ、諦めないでほしいと思います。初孫の誕生は、今まで疎遠になっていた親子の絆を取り戻す絶好のチャンスですから。孫に愛情を注げば注ぐほど、子どもは親に対して素直に感謝の言葉が出てくるようになります。

孫を通じて、親と子どもの会話が劇的に増えてかつ絆が深まっていきます。**老後の最大の無形資産は「家族の絆」。その絆を手に入れる絶好の機会を逃してはいけません。**

孫とかかわることによって、お菓子を与えすぎる、おもちゃを買いすぎる、子ども世代があれこれ口を出してくることで、ケンカすることもあるでしょう。しかし、会話ゼロよりずっとマシです。この無形資産は、目に見えるものではなく、後になってじわ〜んと味わうものかもしれません。いくら老後に1億円があっても、子どもとまともに会話ができないようであれば、幸せを感じることはできないと思います。年を取れば取るほど、親子の絆力が、自分の生活や幸福感に影響を与えてくれます。

もちろん世の中には、初孫どころか子どもとも遠距離で、物理的に会えない人もたくさんいます。

でも、**初孫が生まれてから20年、成人するまで成長を見守ることを生きがいにすれば、自分の子どもとは自然と会話が生まれる機会が増えていきます。**心の資産は、飛躍的に拡大するはずです。自分、妻の両親を見ていてもそれを実感します。

昔の経験で育児に参加すると痛い目に遭う……

孫と積極的にかかわるのは、家族全体にとっても望ましいことですが、気を付けなければならないのは、**育児の常識はアップデートしなければならない**ということ。**自分の子どもを育てていた時には当たり前のように行われていたことが、今ではNGということも珍しくありません**（P87の図10）。

初孫ができたことによって頼れるジジババになるにも、学びが必要。自分の考えそのままで孫とかかわってしまうと、逆に嫁姑《よめしゅうとめ》問題に発展するので要注意です。

図10 もう昭和ではない……、令和時代の子育て新常識

	昭和の常識	令和の常識
寝かせ方	うつぶせ寝	あおむけ寝
	うつぶせ寝は、乳幼児突然死症候群のリスクが高まる。	
抱っこ	抱き癖（抱かないと、泣いたりグズったりすること）がついてしまう	積極的に触れ合う
	抱き癖に根拠はなく、安心感や信頼感を高めるために抱っこは積極的に行いたい。	
日光浴	日光浴	外気浴
	紫外線で活性化するビタミンDの不足は実は少ない。むしろ生後3か月までは、紫外線の浴びすぎによる皮膚へのダメージや免疫力低下に注意。	
母乳とミルク	母乳は愛情	母乳、ミルクは母親の意向で
	栄養面では両者に大差はないので、母乳育児にこだわる必要はなし。ママの意向を尊重する。	
飲食	箸渡《はしわた》しで食べさせる	箸渡しは絶対NG
	虫歯の元になるので、箸渡し、食べかけを与えることは絶対NG。	
ドライブ	膝《ひざ》の上	チャイルドシート
	近所のスーパーなどへの短距離の運転であっても、チャイルドシートは必須。	
アレルギー	好きだったら、アレルギーは気にしないで食べさせる	アレルギーに配慮して食べさせる
	卵、牛乳、小麦は特に注意。パパ、ママに断ってから食べさせる。特に1歳未満へのはちみつは絶対NG。	

65歳

長生きしたけりゃ、年金はまだもらうな!?

年金はなくならない！　でも貧弱になっていく可能性は高い

日本は2008年をピークに、人口減少時代に突入しています。しかも、現在の日本人口の28・7％（2020年9月現在）が高齢者です。言葉の定義では、人口に占める高齢者の割合が7％で高齢化社会、14％で高齢社会、21％で超高齢社会とされています。7％刻みで言葉の定義が変わるのであれば、もはや**現在の日本は超々高齢社会**です。

しかも高齢者の数はこれから先の40年で、さらに増え続けます。一方、毎年生まれる人は100万人を切り、年金の財源として年金保険料を納める就業者数は確実に減り続けるのです。

日本の年金制度は賦課《ふか》方式（税金などを割り当てて負担させる方式）を採用しており、今の現役世代が高齢者を支える形となっています。いわゆる仕送りですね。**2040年には現役世代1・5人で高齢者一人の生活を支える**計算になります。扶養家族が一人増えるようなものです。

このままでは年金制度が破綻してしまうと思う人もいるかもしれませんが、私は年金制度は破綻しないと考えています。政治家にとって高齢者は票集めの大事な支持者ですから、政治家が高齢者の生活基盤である年金をやめるとは思えないからです。

また、年金制度が破綻してしまうと、生活保護者が激増します。生活保護の財源の4分の3は国が負担しており、現在の生活保護者は約208万人で、この状態で既に国は困っていますから、年金制度がなくなることはないでしょう。

ただ、**年金制度は存続するものの、受給額は下がり、受給開始年齢が上がる可能性は大いにあり得ます。**

過去を振り返ると、受給開始年齢は実際に上がりました。かつて年金受給開始年齢は55歳でした（1944年厚生年金保険法）。これが1954年には男性が60歳、1985年には女性も60歳になり、今では65歳が年金受給開始年齢です。

政府は盛んに「人生100年、生涯現役」を強く訴えていますが、何のことはない。年金財源が厳しいので、国民には長く働いてもらわなければ困るだけの話です。

国民年金のみと厚生年金とで、額に差がある理由

年金とは、本質的には〝保険〟扱いです。毎月支払っている掛け金は実際に、「年金保険料」と呼ばれています。20歳から60歳まで年金保険料を払うことによって、国民が困った時に、保険料としてお金でサポートしてくれる仕組みです。

長く生きていると、困ることが想定外で起きます。病気やケガで働けなくなる時の「障害年金」、一家の大黒柱が亡くなり遺族の生活を守るための「遺族年金」、そして、人生100年時代の老後に備えるための「老後年金」です。年金というと、退職後にもらう老後年金をイメージされる人も多いと思いますが、実際には様々な場面で年金は活躍してくれるのです。

また、年金には大別して2つの種類があります。自営業者が加入する国民年金保険、そして会社員や公務員が加入する厚生年金保険です。

自営業者は、半分は国が税金で負担、会社員の場合は勤め先が半分負担します。つまり、自営業者も会社員も年金を払うほうが確実に得をします。自営業者が年金を納めずに、民間会社の年金保険に入るのは本末転倒です。年金を納めているものの将来不安で私的年金が足りなければ、民間保険に加入すればいいだけです（ただ今は、節税効果の高いiDeCoをまず使うことがお勧め）。

国民年金保険はおおむね7万~8万円支給されます。**受給額は十分ではありませんが、自営業ということで定年がない分、就労収入で生活費を補うことができます。**

一方、サラリーマンや公務員が加入する厚生年金保険は、基礎年金となっている国民年金保険に上乗せして年金を受け取ることができるシステム。公務員とサラリーマンは定年制度があるため、長く働ける環境ではありませんが、その分、保証は手厚くなっています。**夫婦二人合わせておよそ22万円程度の収入**が見込めます。

頼もしすぎる存在の年金を、40年かけてしっかり育てよう

年金は、老後の生活設計をする上で、まさにエースで4番の働きをしてくれる存在。受給要件を満たせば、働かなくても、入院しても、奥様とケンカしても、株が大暴落しても、亡くなるまで永続的にもらえます。**こんなに頼もしい不労収入はありません。**

ただし、こんなに頼りになる年金も育成期間が必要。**40年間にわたって大事に育てないといけません。**つまり、年金保険料を一定期間納めていない人は、満額を受給することはできないのです。

サラリーマン、公務員は、**40年間の給料の平均から厚生年金額が決まります。**50代の時に年収1000万円を超えたからといっても、その時期の給与額に応じた年金がもらえるわけではありません。

もしあなたに年金保険料を支払っていない期間がある場合には、「追納」という制度があります。**追納とは、年金保険料を10年まで遡《さかのぼ》って支払うことができる制度**のことで、これによって将来の年金受給額の減少を防ぐことが可能。なお、3年以上前の年金保険料を追納する場合は、経過期間に応じた加算額が上乗せされるので注意が必要です。

しかも追納をするためには、年金保険料の支払い猶予や免除の申請をしている必要があります。これらの申請をせずに年金保険料を支払わないことを「未納」といい、未納分の保険料を後から支払うことはできません。

いずれにしても重要なことは、年金の受給額から社会保険料、税金も1割ぐらい引かれることを想定して、実際の手取り額を把握することです。**将来の年金受給額は「ねんきんネット」で確認することができるので、今のうちから将来の年金額や生活費を確認して、計画を立てておきましょう。**

こうして事実確認をすることで、物事の解決方法が決まってきます。仮に年金受給額15万円で生活費が20万円の場合は、5万円の埋め合わせをどうすればいいのかを考えればいいのです。事実を知れば、老後資金の不安も今までよりは減るでしょう。

年金受給開始は68歳がベストである理由

年金で少しでも得をする方法があります。それは「年金の繰り下げ受給」を利用すること。

意外に知られていないのですが、**年金は原則65歳から受給ですが、60歳から70歳の間で、いつ受給を開始するのか自分の意志で選べる**のです。

「もらえるものは、さっさともらおう」とお考えのあなた、国はそう甘くありません。60歳からの場合は、年金の受給額が3割もカットされます。20万円を65歳からもらう予定の人は、14万円となり6万円も減ります。これでは4番バッターから7番に降格です。

とはいえ60歳で再就職も決まらず、ローンの残債がまだ多くあれば、やむなく受給したいというのもわかります。実際、60歳から受給する人が3割もいます。

でも76歳まで生きれば、65歳からもらったほうが得になります。平均寿命で考えれば男性でも80歳以上ですから、ほとんどの人は65歳以降から受け取ったほうがいいのです。

一方、**受給開始時期を1か月先延ばしするごとに、年金額が0・7%増えます。最大70歳まで延ばせば、年金受給額は42%もアップする**のです。これは亡くなる時まで、永久に続きます。

65歳開始で年金受給額が20万円であれば、**70歳開始なら年金額は28・4万円、実に月額8万円以上アップ**します。8万円もあれば夫婦で毎月温泉旅行に出かけることも可能ですよね。

このように、人生100年時代であることを考えれば、最大限の延期を検討することも効果的です。とはいえ現実的には、60歳の定年退職から年金受給開始までの生活費を工面する必要があります。貯金を取り崩したり、新たに働きに出たり、他の不労収入でカバーするといった具合です。

さらに**2022年4月からは、75歳まで先延ばしが可能に。年金受給額は1年あたり84%の増額**です。

私のお勧めは、ズバリ68歳からの年金受給。65歳からもらうという選択をすると、65歳から一気に働く意欲・習慣が減退します。マラソンでもゴールテープが見えると気持ちが一瞬緩みますよね。65歳より少し先の68歳をゴールにあえて設定する戦略です。

受給開始年齢によって、年金受取総額が何歳から得をするかを知ろう

受給開始年齢を後ろにずらすほど、毎月もらえる年金の額が増える一方で、もらえない時期が長くなります。ということは、残念ながらかなり早く亡くなってしまったら、「もっと早くからもらっておけばよかったよ……」と後悔するわけです。逆に長く生きれば、もらえる総額はどこかの年齢で追い越します。

どの年齢で追い越すのかを、現行の制度と、改正後の制度（2022年4月から）とで見てみましょう。いずれでも、条件は次のように仮定します。

- 65歳から毎月20万円年金をもらう
- 各々の年齢で1年分受け取れる

現行制度の場合（P95の図11のようになる）

- 受給開始年齢を60歳にすると月額14万円。逆に、70歳に先延ばしすると月額28・4万円受け取ることができる
- 65歳受給開始の場合、60歳受給開始より受取総額が多くなるのは76歳から
- 68歳受給開始の場合、60歳受給開始より受取総額が多くなるのは78歳から、65歳受給開始より多くなるのは79歳から
- 70歳受給開始の場合、60歳受給開始より受取総額が多くなるのは79歳から、65歳受給開始より多

図11 【年齢】と【年金受取総額】との関係（現行制度の場合）

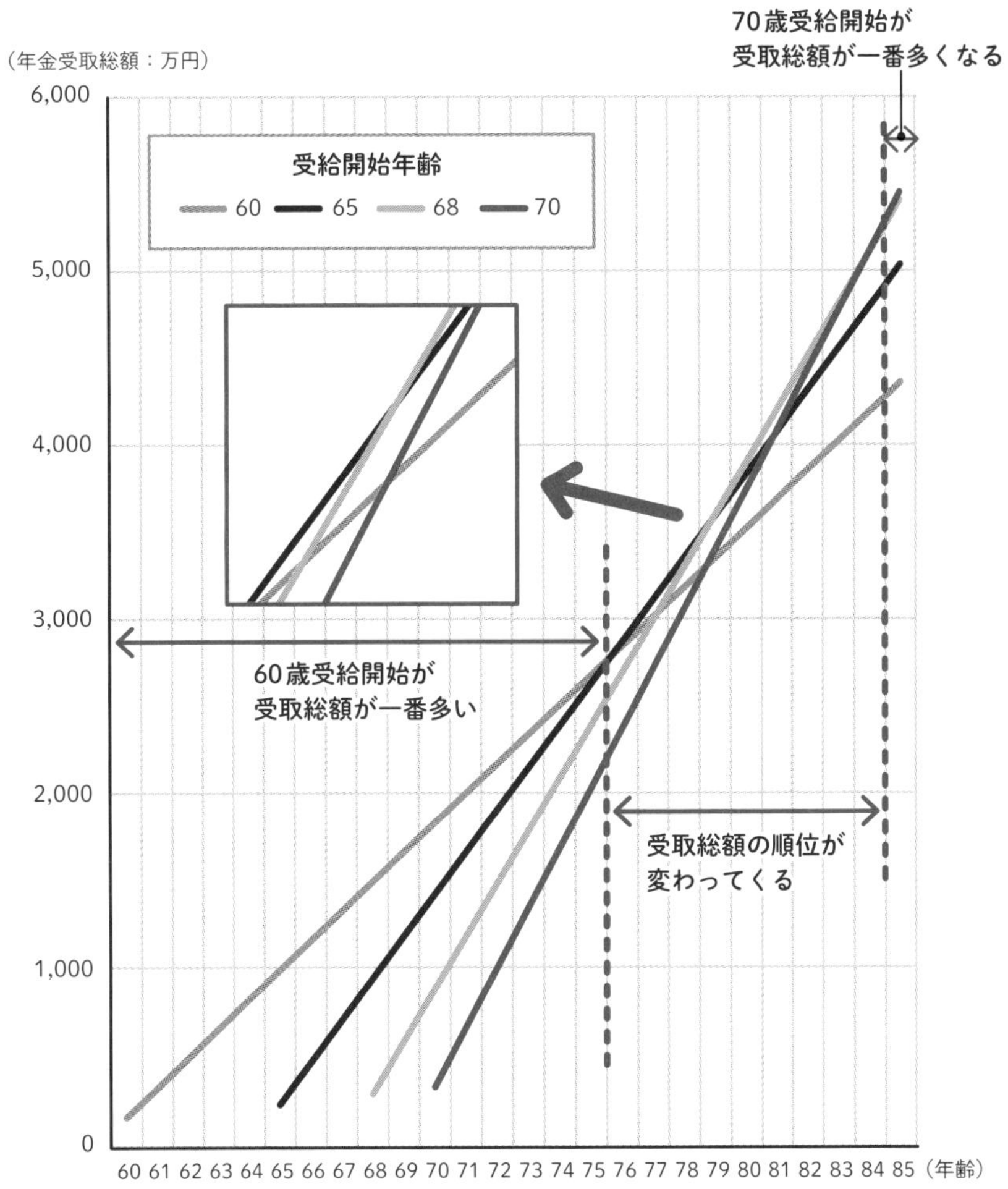

くなるのは81歳から、68歳受給開始より多くなるのは84歳から

同様に分析すると、改正後については次のようになります。

改正後(2022年4月施行)の場合

●受給開始年齢を60歳にすると月額15・2万円。逆に、70歳に先延ばしすると月額28・4万円、75歳にすると月額36・8万円受け取ることができる
●65歳受給開始の場合、60歳受給開始より受取総額が多くなるのは80歳から
●68歳受給開始の場合、60歳受給開始より受取総額が多くなるのは80歳から、65歳受給開始より多くなるのは79歳から
●70歳受給開始の場合、60歳受給開始より受取総額が多くなるのは81歳から、65歳受給開始より多くなるのも81歳から、68歳受給開始より多くなるのは84歳から
●75歳受給開始の場合、60歳受給開始より受取総額が多くなるのは85歳から、65歳受給開始より多くなるのは86歳から、68歳受給開始より多くなるのは89歳から、70歳受給開始より多くなるのは91歳から

家系的に長生きする、でも預貯金が寂しい、子どもがまだ自立していないなど不安要素がある人は、**70歳まで働くプランを作り、68歳になった時に一旦「しんどいから仕事を辞める」「生きがい**

のために働き続ける」という2つの選択肢を選べるようにしておくのがベストです。

65歳から年金受給を3年先延ばししただけでも、125・2%の年金額アップが一生涯続きます。**投資信託や個別株で儲けようとしても、これほど確実に増やせる方法はありません。**

年金・労働収入に家賃収入も加えたら最高

老後の年金では生活が厳しいとわかれば、行動をしなくてはいけません。【60歳】のパート（P56〜）でもお伝えしていますが、一つの解決方法としては、**自分という資本を利用する**こと。**月10万円稼ぐことができれば、定年後も残った住宅ローンの毎月返済、生活費の赤字分も十分にカバーできるはず**です。

もう一つの方法は**不労収入を作る**こと。私のお勧めは、**月10万円の家賃収入を確保**することです。毎月50万円となるとハードルが高くなりますが、月10万円であれば、「借りる力（レバレッジ）」と「時間」を利用すれば実現できます。実際、私も不動産賃貸業を41歳からスタートして、あと数年でローンが完済します。賃貸経営は空室リスク、エアコンや給湯器の故障、入居者が退去した後のリフォーム費用など、年金ほど楽で安定したものではありませんが、不安定な上場株の配当や本の出版による印税収入よりは、**確実で安定**した不労収入となります。

ローン完済後は、経費を引いた後の毎月の家賃収入を、当面二人の子どもの教育費にあてる予定です。65歳を過ぎたら年金を受給せず、労働収入と家賃収入で数年を乗り切る計画です。老後の過ごし方は人それぞれです。私の場合は子どもがまだ小さいのですが、孫を見るまでは生きていたいと思っています。思考が自分を作ってくれます。

不動産賃貸業による不労収入は年金と同じで、あなたの長い期間のコツコツした習慣の努力の成果。老後は、「年金・労働収入・家賃収入」の3本柱の組み合わせで70歳まで乗り切るのが理想です。

66歳

がんの発症率急増

がんは不治の病から治る病に変わった

図12は日本人の死因の割合を示したグラフ。「悪性新生物」いわるゆ「がん」が死因のトップとなっています。

がんは不治の病で、一度診断されたら死の宣告も同然。昔はそんな風に考えられていた時もありました。しかし今では、**医療技術の進歩により約6割が"治る"**ようになっています。しかも、**早期のがんであれば9割が治る**こともわかっています。

国立がん研究センターの2020年の発表によ

図12　死亡者の死因の割合

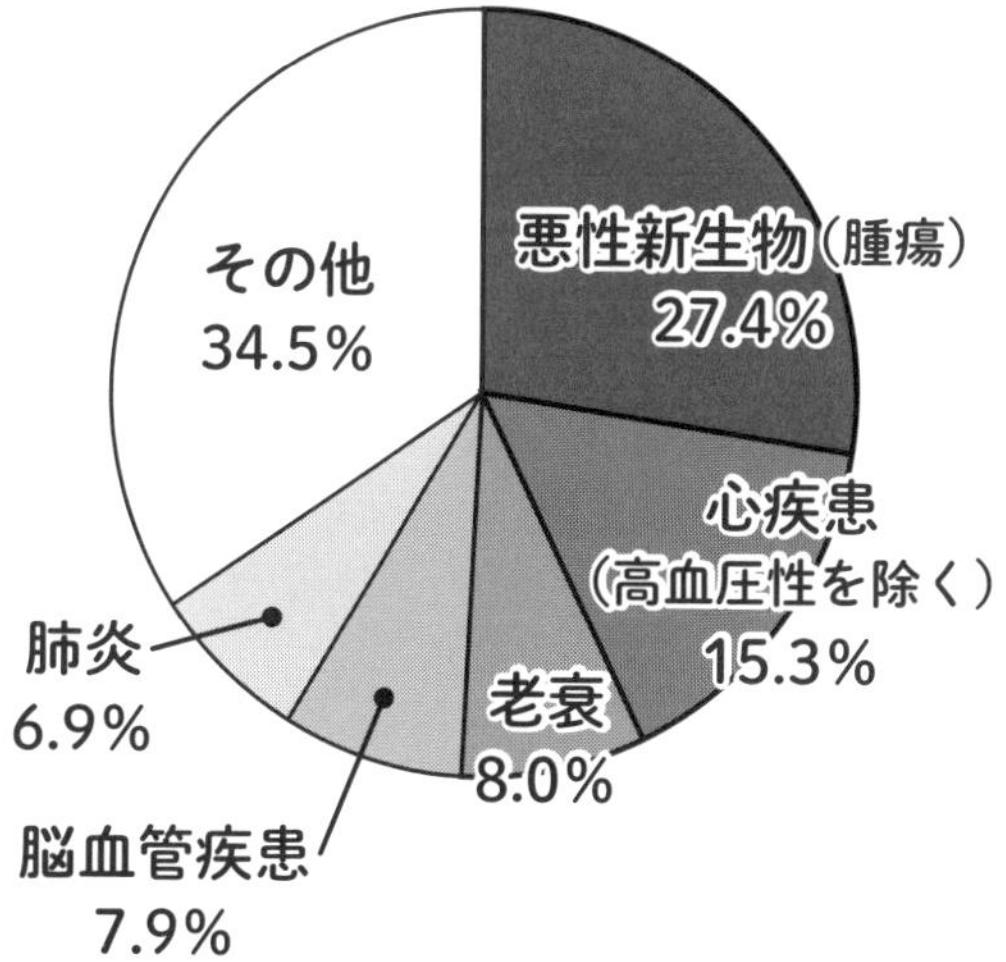

※出典：厚生労働省「平成30年(2018)人口動態統計月報年計(概数)の概況」

ると、全部位・全臨床病期の5年生存率は68・4%（2009〜2011年に診断された14万2947症例が対象）。前年の67・9%（2008〜2010年に診断された14万6775症例が対象）から0・5%上昇しています。もっと前の時期を見ると図13となりますが、死亡率は1995年頃から順調に下がっていることがわかります。

がんだからといって必要以上に恐れてはいけません。正しく認識して適度な危機意識を持った上で、正しい対処をしましょう。

実際、**がん自体は誰もが持っている**ものです。

そもそも、**がん細胞は1日に5000個以上誕生**しているともいわれています。それだけ多くのがん細胞があるにもかかわらず私たちが健康に生活できているのは、免疫細胞がきちんと仕事をしてがん細胞を退治してくれているからです。

あなたにも、そして私の体にもがん細胞はいく

図13　部位別がん年齢調整死亡率の推移（全部位・性別）[1958年〜2015年]

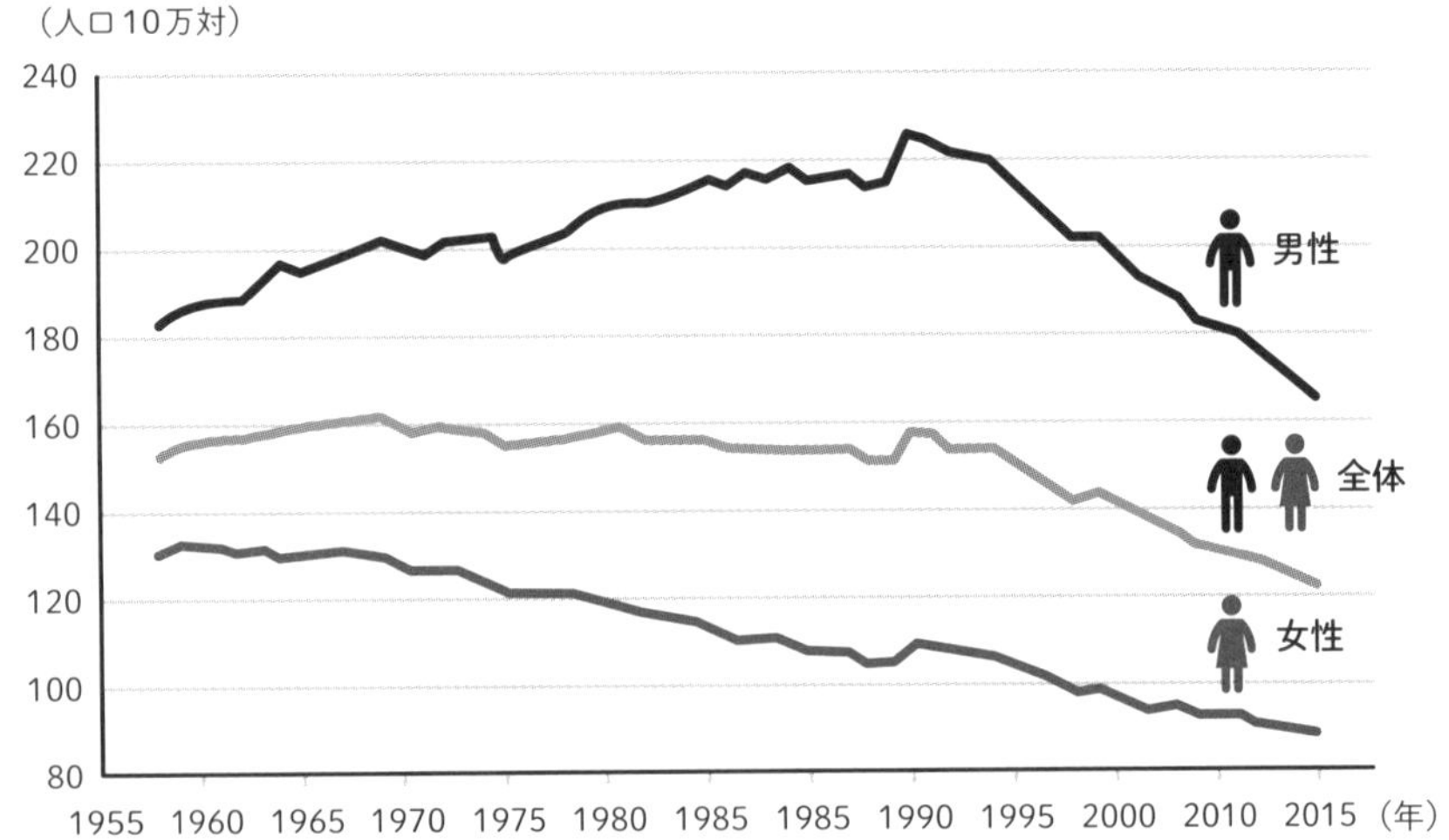

※出典：国立がん研究センターがん対策情報センター　Source: Center for Cancer Control and Information Services. National Cancer Center, Japan

らでも作られているのです。**年齢を重ねて免疫力が低下して、毎日生まれてくるがん細胞に対処しきれなくなると、いわゆる「がん」となる**のです。

身内のことを少しお話しさせてください。母は66歳で乳がんを発症しました。当時私は38歳で、北海道のニセコで飲食店を経営しておりました。母が乳がんの手術をすることは、事前に知らされませんでした。わが子に心配をかけたくない両親は、秘密裏で手術を進めておりました。私はその時、乳がんについてもそれほど詳しくなく、自分の母もがんを発症するんだというぐらいの感覚でした。幸いその後、術後の管理もあり、再発せず今も孫と遊ぶのを生きがいに毎日楽しんでいます。あくまで一例ですが、こんなことは珍しくありません。がんは身近な病気であるものの、助かる可能性が高いという希望を持っていただければと思います。

がんは60歳から増加。65歳から男女差が大きく開いてくる

がん死亡率を見ると、男女ともに60代から増加し、65歳を超えると特に男性で目立ってきます（P102の図14）。

がんになる習慣や原因には、喫煙、過度な飲酒、食事、肥満、ウィルス感染、ストレスがあります。

喫煙が肺がんをはじめとする様々ながんの原因となることが、多くの研究から明らかにされてい

ます。たばこを吸ってきた人も、これから禁煙を始めればがんになるリスクを下げられます。

飲酒は大腸、肝臓、口腔、咽頭、喉頭、食道、乳房のがんのリスクを上げることが報告されています。しかも喫煙者が飲酒をすると、食道がん、がん全体の発症リスクが特に高くなることもわかっています。

食事については、牛・豚・羊などの赤肉や加工肉は、大腸がんのリスクを上げるとされています。塩蔵食品は、胃がんのリスクを上げる可能性が大きいと報告されています。

肥満によって、食道・膵臓・肝臓・大腸・乳房（閉経後）・子宮体部・腎臓のがんのリスクが確実に上がることが報告されています。

ウィルス感染が、日本人のがんの約20%を占めると推計されています。B型やC型の肝炎ウィルスによる肝がん、ヒトパピローマウィルス（HPV）による子宮頸がんと最近では咽頭がん（原因

図14　がんによる年齢階級別死亡率（全部位／2018年）

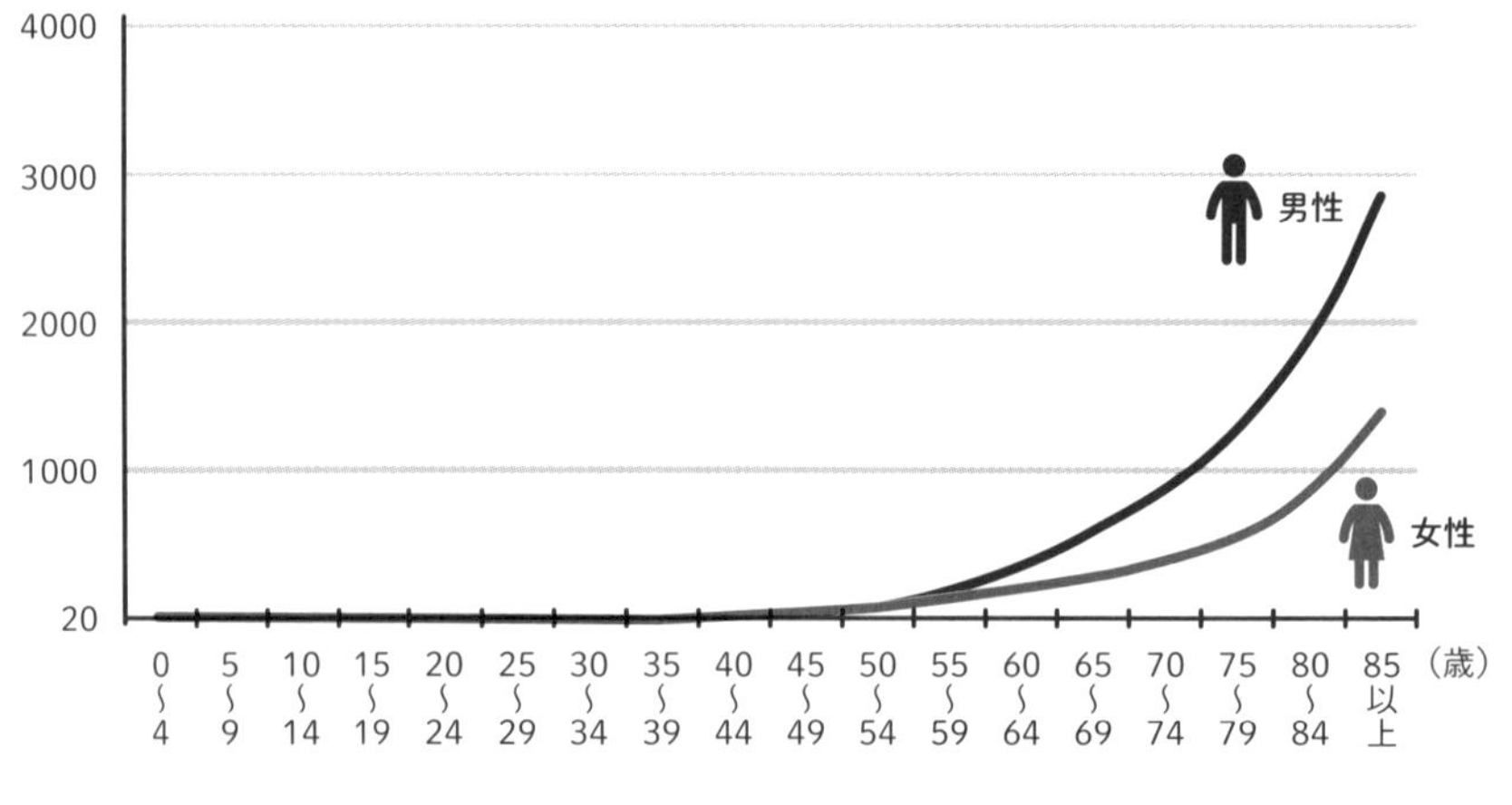

※出典：国立がん研究センターがん対策情報センター「がん死亡率〜年齢による変化」

はオーラルセックス)、ヘリコバクター・ピロリによる胃がんなどが大半を占めます。

ストレスは非常にわかりやすい原因です。誰しも生きていれば、ストレスに囲まれることになります。人間関係、会社での仕事のプレッシャー、コロナによるステイホームも大きなストレスでしょう。

日本は他の先進国と比較して、がん健診率が圧倒的に低い

がんに向き合う際に何より重要なことは、がん健診の受診による早期発見・早期治療。今は早期がんであれば、9割が治る時代です。

早期に発見できなかった場合、**がん細胞の成長スピードは加速度を増して大きくなってしまいます。**例えばがん細胞は、直径1センチ程度まで成長するには10~20年程度かかるといわれていますが、その後に2センチの大きさになるのはわずか1~2年程度のようです。なぜならば、がん細胞が1個から2個まではいいとして、2個から3個ではなく4個、4個から8個と文字通り「倍々ゲーム」の細胞分裂によって大きくなっていくからです。

胃がんでは、ステージ1の5年生存率は9割程度で非常に高いものの、ステージ3では約5割、ステージ4では6%(0・6割)程度にまで急低下します(がんが進行するほど、ステージの数字は増える)。

このようにがんは早期発見がとても重要なのですが、残念ながら**日本のがん健診の受診率はまだまだ低迷**しているのが実態です。日本のがん健診受診率は、OECD（経済協力開発機構）加盟国34か国中最低水準。乳がんと子宮頸がんの健診率を例にとっても、諸外国が7割程度あるにもかかわらず、日本は4割程度にとどまっています。

もしあなたが毎年がん検査を受診していないのであれば、配偶者と一緒に毎年受けることを強く勧めます。

車に乗っている人は定期的に車検を通していますが、車検代と同じぐらい自分の健康チェックにお金をかけているでしょうか。月に数回しか乗らない車には10数万円の費用をかけているのに、365日24時間付き合っている自分の体のチェックにお金を使わないのは、冷静に考えればおかしな話です。

図15　がん健診の国際比較

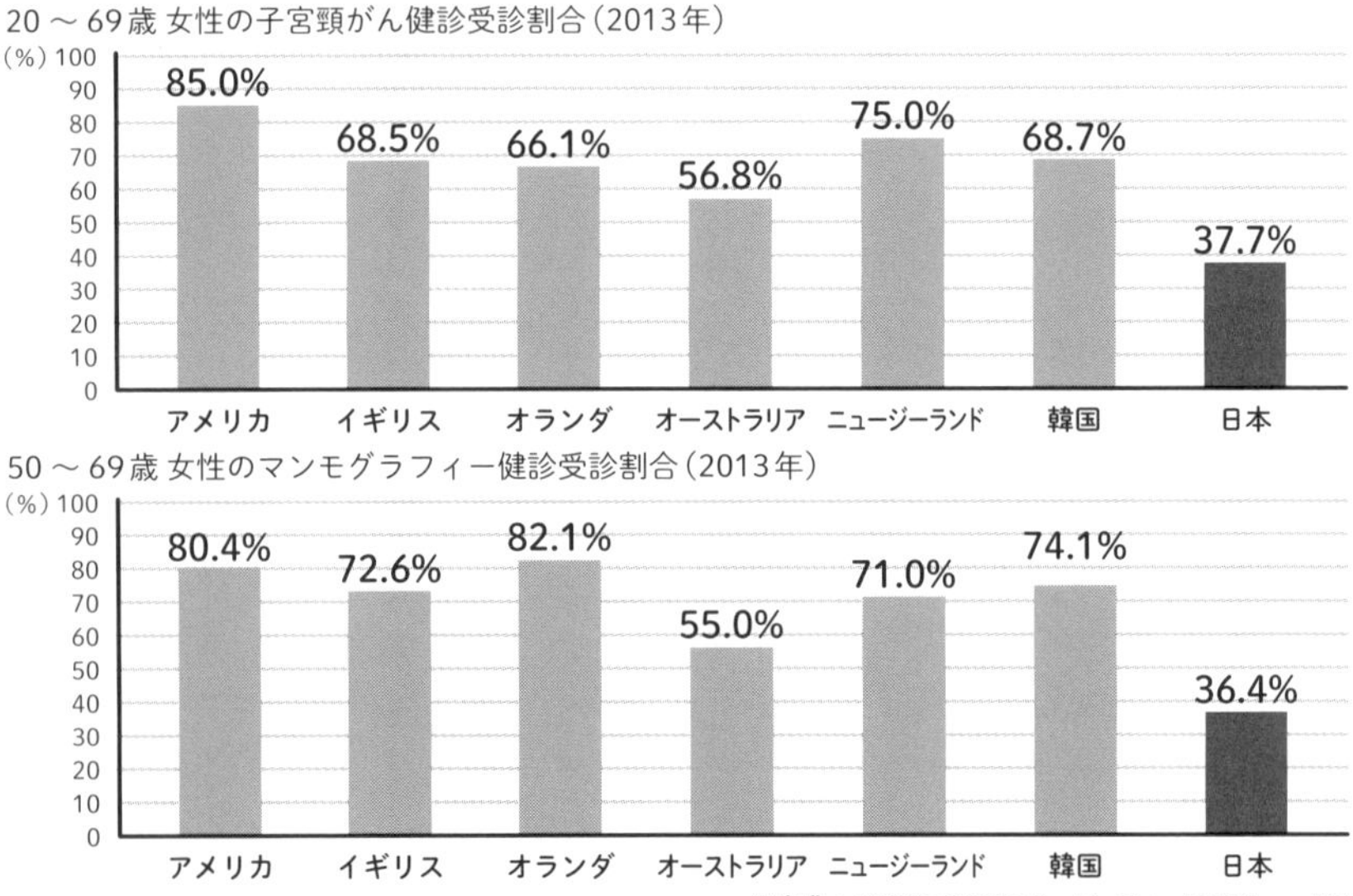

※出典：OECD,OECD Health Data 2013,June 2013

値段も検査も手頃な検査「N-NOSE」で早期発見を！

がんは不治の病から治る病気へと変わりましたが、いくらがん治療が進んだからといって、ステージ4となる末期がんになってしまうと、寛解《かんかい》（一時的あるいは継続的に軽減した状態）になることは困難です。

これまでのがん検査といえば、多くの人が勤務先の健康診断で実施しているのではないでしょうか。超音波、内視鏡、レントゲン、CT、MRIを用いた検査が一般的です。

このがん検査に、新たな手法が誕生しています。それは、体長わずか1ミリ程度の線虫を用いた、尿によるがんのリスク診断「N-NOSE（エヌノーズ）」。線虫は犬の1・5倍の嗅覚を持つといわれており、がん罹患者と健常者の尿のニオイを嗅ぎ分けられます。線虫の動きで、がんのリスクを診断するというものです。

しかもわずか尿一滴で全身のがんを調査することができ、保険適用外にもかかわらず9800円（税別）と思ったより手頃。検査が手軽なのも嬉しいです。

画期的な線虫検査ですが、**実施している医療機関はごく少数**。しかも、**N-NOSEはがんのリスクを評価する手法であって、がんを診断する検査ではありません**。あくまでも一次スクリーニングとして活用して、疑いがある場合は詳細な検査を行うことが欠かせません。

男性は「前立腺がん」と「胃がん」、女性は「乳がん」を特に警戒しよう

次に押さえておきたいのが、がん発症のタイプも年代ごとに変化しているということ。

昔は、肺がんと胃がんが、がん発症の2枚看板。**今は、胃がん、乳がん、前立腺がん**です。肺がんが減ったのは、全世界的に禁煙運動がトレンドになったからでしょう。

女性が気を付けなくてはいけないのが乳がんです。死亡率は全体の5位となっていますが、発症者数は年々上昇しています。生涯のうちに乳がんになる女性の割合は、50年前は50人に1人。しかし**現在は12人に1人**といわれており、年間6万人以上が乳がんと診断されています。

乳がんの死亡率も増加の傾向にあり、今は年間で約1万3000人が死亡。これは**乳がんを発症した人の20％程度**にものぼります。ただし、乳がんはステージ1で見つけてきちんと治療すれば、ほぼ完治するがんとしても知られています。

乳がんは、欧米病ともいわれます。チーズや牛乳を日常的に飲食する文化がある欧米では、実際に乳がんの発症率は高くなっています。

私の母親も乳がんを経験していますが、幸い早期発見して事なきを得ています。早期発見して手術をすれば、死亡するリスクは大幅に軽減できるのです。

図16　性別ごとの部位別・がん罹患率

部位別がん罹患率
（全年齢）
［男性2017年］

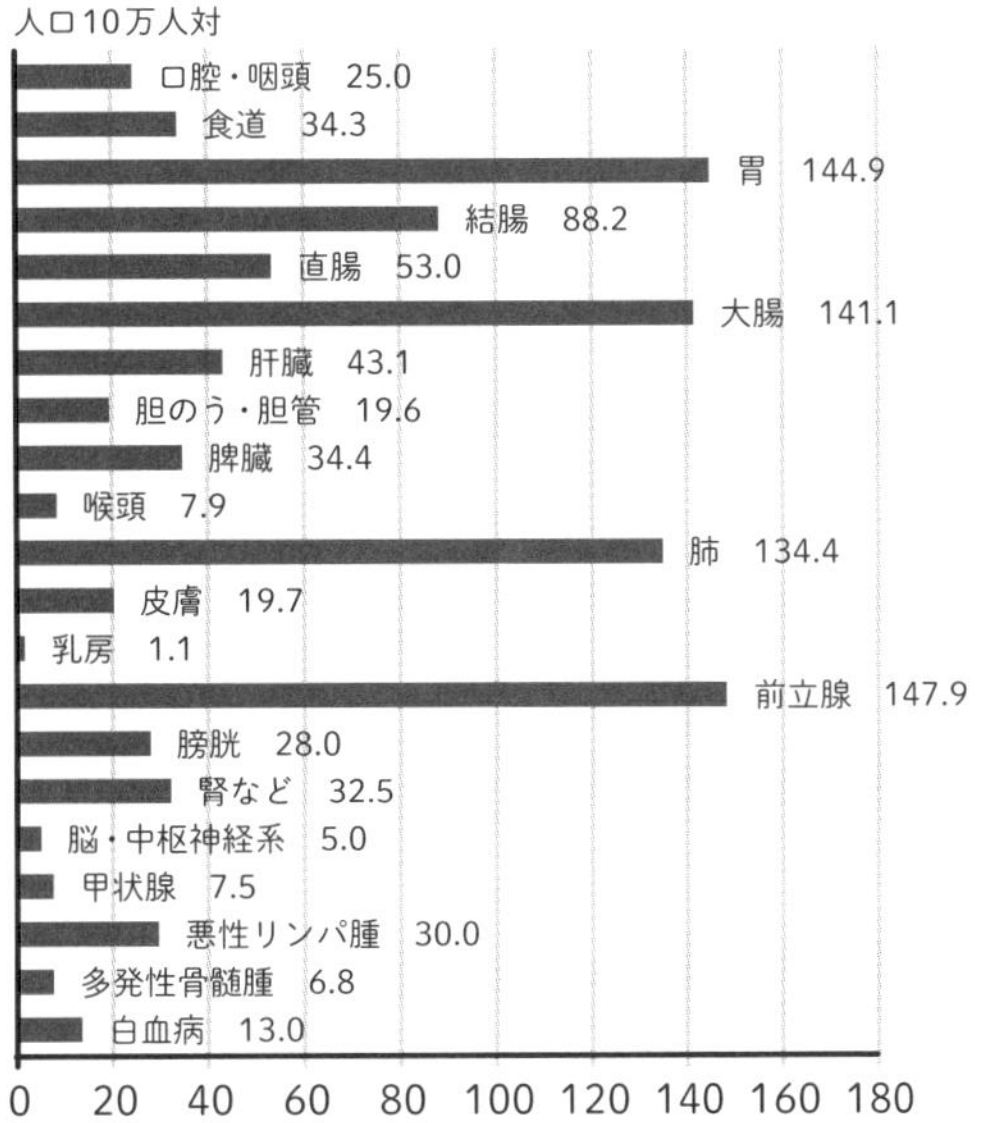

部位別がん罹患率
（全年齢）
［女性2017年］

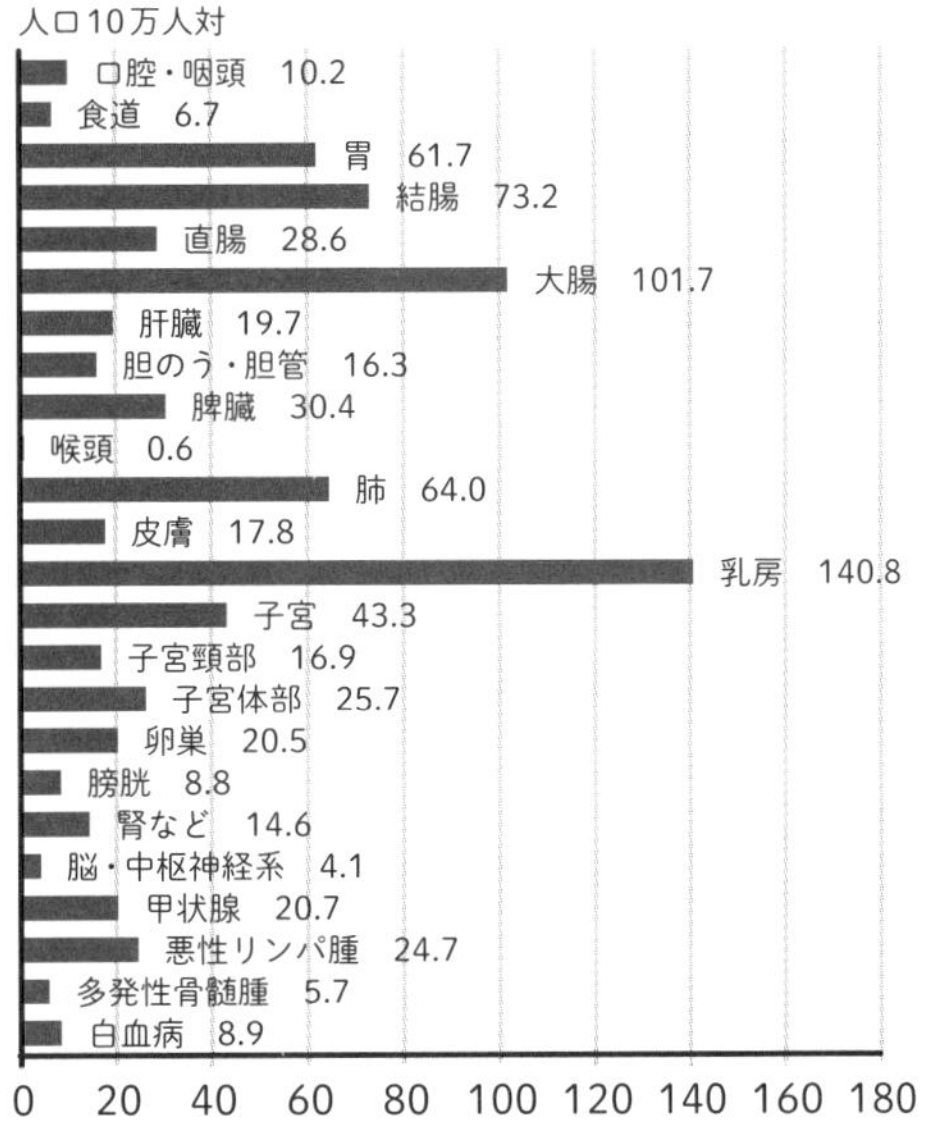

※出典：国立がん研究センター「最新がん統計」

がんの先進医療は約300万円。でも必ずしも優れているわけではない

日本医療政策機構のアンケート調査によると、がん治療にかかる費用は**年間で平均115万円**という結果が出ました。

実際は高額療養費制度があるので、費用はだいぶ抑えることができます。ただし、標準治療ではなく先進医療を受けることを希望された場合は、話は変わります。**先進医療は保険適用外になるため高額療養費制度が適用されず、一回の治療で数百万円を超えることも珍しくありません。**

まず標準治療ですが、文字だけで見ると平均的な治療が行われると思われる方も多いようですが、これは現時点で利用できる科学的な根拠に基づいた最良の治療法のことを指します。そしてこの標準治療には保険が適用されます。

一方で先進医療は、いわば将来の標準治療予備軍で保険の適用外です。がん治療においても新しい治療法や新薬がすぐに保険適用されるわけではなく、患者にとって安全な治療法なのか、治療の新しい選択肢として相応しいのか、さらに患者の経済的な負担の軽減につながるのかなど、多角的に評価して、一定の基準を満たした場合に、標準治療として保険適用になるのです。

ですから、**まずは標準治療から始めましょう。**それでも例えば、前立腺がんだと切除したくない、咽頭がんだとどうしても声帯はとりなくない、など生活の質にかかわるような治療もあるかもしれません。このような場合には**セカンドオピニオンなどを活用し、先進医療や保険診療外などの可能性について相談するのもいい**でしょう。

こういった治療には重粒子線と陽子線治療があり、約300万円の費用がかかり、すべて自己負担です。**あらゆる可能性に賭けてみたい人は、がん保険に加入する際に「先進医療特約」をつけてください。がん保険に数百円上乗せされる程度で済みます。**ただし、重粒子線、陽子線治療にも種類があるので、この治療をしたら必ず出るというわけではないので注意が必要です。もしくは、ガンの診断で一時金として300万円給付される保険を検討してください。

このようにがんには、様々な治療法があります。周囲に色々と相談やヒアリングをするのは大事ですが、あくまで情報入手にとどめたいところ。決断を下す際に、他人の意見を鵜呑みにしたり、聞いた時の印象で判断したりするのは大変危険です。「がんの治療法」も「自分の人生」も、自分で決めるのが正しいと私は信じています。

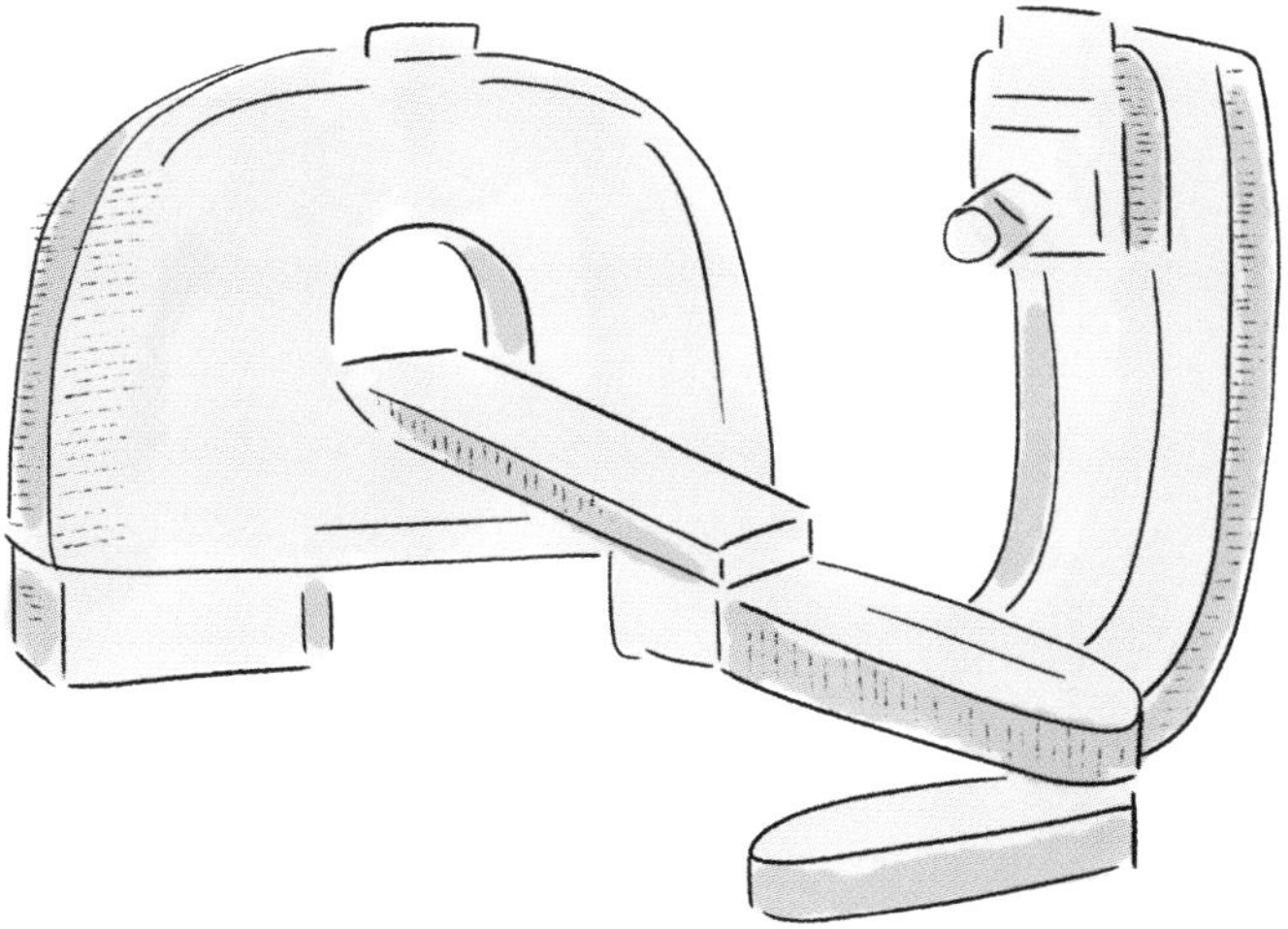

70歳

平均的な資産保有額だと10年で枯渇

医療費や介護費が、これから一挙に押し寄せてくる

70歳になると、仕事をしている人はほとんどいなくなります。多くの人が65歳からもらう年金収入をあてにした生活になります。体調も思ったほど悪くないため、高齢者という言葉にまだ慣れない年齢かもしれません。

ただ、**これから一気に医療費と介護費がかかる嵐の前の静けさにすぎません。**健康が失われると、お金も一気に失われるのです。

生活費が予定よりオーバーしていないか。増えるはずだった投資信託の残高を見るのが怖くなってはいないか。今まで家計を振り返ってこなかった人は、必ずこの時点で資産保有額をしっかりと把握しなくてはいけません。赤字家計を続けて、預貯金をどんどん取り崩し、気づいたら残高が100万円を切っている……。そんなことになってしまうと、生活保護に陥りかねません。

では、70歳以上の高齢者はおよそどれくらいの資産を持っているのでしょうか。調査結果によれ

ば、70歳以上の平均資産保有額は1314万円です（2人以上世帯）。あくまでも平均値になりますので、この中には富裕層も含まれています。実際、**中央値の資産額は460万円**しかありません。中央値とは「数値を小さい順に並べた時に、真ん中にくる値」のことで、今回の場合「資産額が460万円の家庭がボリュームゾーン」だとイメージしてもらってOKです。

しかも、この金額は現金預金だけではなく、有価証券や保険も入っているので、**すぐに使えるお金はもっと少なくなってしまいます。**

気を付けなくてはいけないのが、定期預金や、投資信託、積み立て型の保険など、すぐには使えない財産である「半凍結資産」の存在です。普通預金であれば、キャッシュカードがあればすぐにおろして利用することができます。一方、半凍結資産は、解約や売却など手続きを幾つか踏むことではじめて利用することができるもの。さらにネックになるのが、投資信託は投資した当時より資産が目減りしている、保険は今解約すると損をする、定期預金であればあと何年経たないと利子がつかないというのもあり得ることです。

総務省「2019年家計調査報告（家計収支編）」によると、高齢夫婦無職世帯（夫65歳以上、妻60歳以上）の可処分所得は約21万円。一方で支出は約24万円になっているので、普通に生活していくだけでも毎月3万円、年間36万円の赤字。資産が仮に現金で460万円あったとしても、**およそ12年程度で資産は枯渇**します。

少しでもゆとりのある老後生活を送ろうとすると、毎月36万円の生活費が必要だといわれています。こうなると赤字額は毎月15万円にまで増大。**3年も待たずに老後資金は枯渇**します。

これだけの赤字を出す生活を送る人はなかなかいませんが、病気や介護が必要になった時には、毎月の赤字額が10万円以上になることは珍しくありません。そうなると、たとえ70歳時点で1000万円の現金があったとしても、**10年も持たない**のです。

自宅を売ったり、バイトしたりすれば、大丈夫……、じゃない！

「いや、自宅を売れば大丈夫！」と思っている人もいるかもしれません。自宅を売却して、コンパクトな家に移り住むという選択肢です。

残念ながらこれも簡単ではありません。あなたの家を売り出した場合、いったいいくらになるでしょうか。もしあなたが30歳の時に購入した戸建てであれば、築40年です。**建物の価値はほぼありません。**売却価格は、ほぼ土地の価格となります。あなたが住んでいる所が「住みたい街」として人気がなければ、土地の価格も下がっている可能性が高いのです。

自宅を売却できたとしても、住む場所がありません。自分の子どもが住んでいるところに同居すれば問題は解決します。しかし、世の中の家族関係は複雑化しており、子どもの配偶者が喜んで同居に賛成してくれるとは思えません。

70歳を超えると雇ってもらえる職場は限られ、仮に働き口が見つかったとしても給料はあまり期待できる数字ではありません。赤字分を月々10万円のアルバイト収入で賄うことも考えられます。時給が1000円だとすると、毎日5時間×20日間で達成できます。

数字だけ見れば達成はそんなに難しくないようにも思えそうですが、心身ともに健康という条件がついてきます。また、70歳は老化が確実に進んでいて、現役時代とは比べものにならないくらいパフォーマンスが落ちています。**働いて赤字分をすべて補うという選択肢は、現実的には難しい**でしょう。

だからこそ**このタイミングで、資産の棚卸をする必要があります。**

老後破産。よくある3大原因

そもそも老後は、現役時代と違って毎月の家計が赤字になりやすい構造になります。ここで、老後破産が起きやすい3つのパターンをご紹介します。ぜひ、自分の置かれた（ないし、置かれそうな）状況と照らし合わせて読み進めてください。

資産不足や孤立対策は、別のパートで紹介していますので、こちらもぜひ参照を。

【パターン1】年金収入が少ない

年金は、現役時代の努力の結果です。どんなに稼ぎ続けていても、年金を納付していないと老後はもらうことができません。サラリーマンでも転職で、年金を払っていない期間もある人は多いもの（私も自営業時代は年金を納付していませんでした）。自営業だと、医師や弁護士という比較的高額所得となる職業でも、年金の受給額は少ないのです。

65歳での年金の平均受給額は14万7000円。元気なうちは働くことによって余裕がある生活を送れますが、貯金が300万円だけだとあっという間に底をつきます。老後は、働いて稼ぐ力が年々弱まるので、年金額が少ないことは破産するパターンとなる確率が高いのです。

年金を22万円もらう予定が、65歳時のまさかの熟年離婚によって年金も分配対象となり、月13万円で一人暮らしになってしまった事例もあります。

【パターン2】貯金が少ない

資産が、売却しても売れなかったり二束三文の自宅だけだったりする場合、貯金が少ないと老後破産をしやすくなります。年金収入が少なければ、貯金に頼るしかありません。そして、自宅以外の不動産はあるといっても、地方の土地で売却してもまとまったお金にならず、家賃収入を生まないものばかりといった人も少なくありません。いわば「土地持ち・金なし」です。

また、代々受け継いできた土地だから売れないという人もいますが、あなたが売れなければ、あなたが亡くなった後、その土地を相続した配偶者や子どもはますます売れません。身内から後ろ指を指されることも関係します。

貯金が少ないと思った人は、まず財産の棚卸を行って換金できるものはないか確認しましょう。財産の中でも換金ができるものであれば、貯金額に応じて随時売却しましょう。本当に困るのはあなたではなく、あなたの大切な配偶者や子どもです。

【パターン3】社会的孤立

いざという時に頼る人がいないと、老後であれば大きなリスクになります。

高齢者は、ちょっとしたことで体調を崩しやすくなります。外出をしないと体力がいっそう落ち込みますし、栄養バランスのとれた食事をしないと不健康になります。病気がちになれば、医療費がかかり、介護費が発生することもあります。

また、孤立していると、人と話すことが極端に減少。寂しさからか、オレオレ詐欺などに引っかかりやすくなります。

怪しい業者など資産の取り崩しに関係することは、子どもや配偶者と同居していれば、すぐお互いの異変に気づくことで確認ができます。しかし一人だと、なかなか気づきません。

今、高齢者の一人暮らしは急増中（図17）。過

図17　65歳以上の人の単身世帯の数と割合

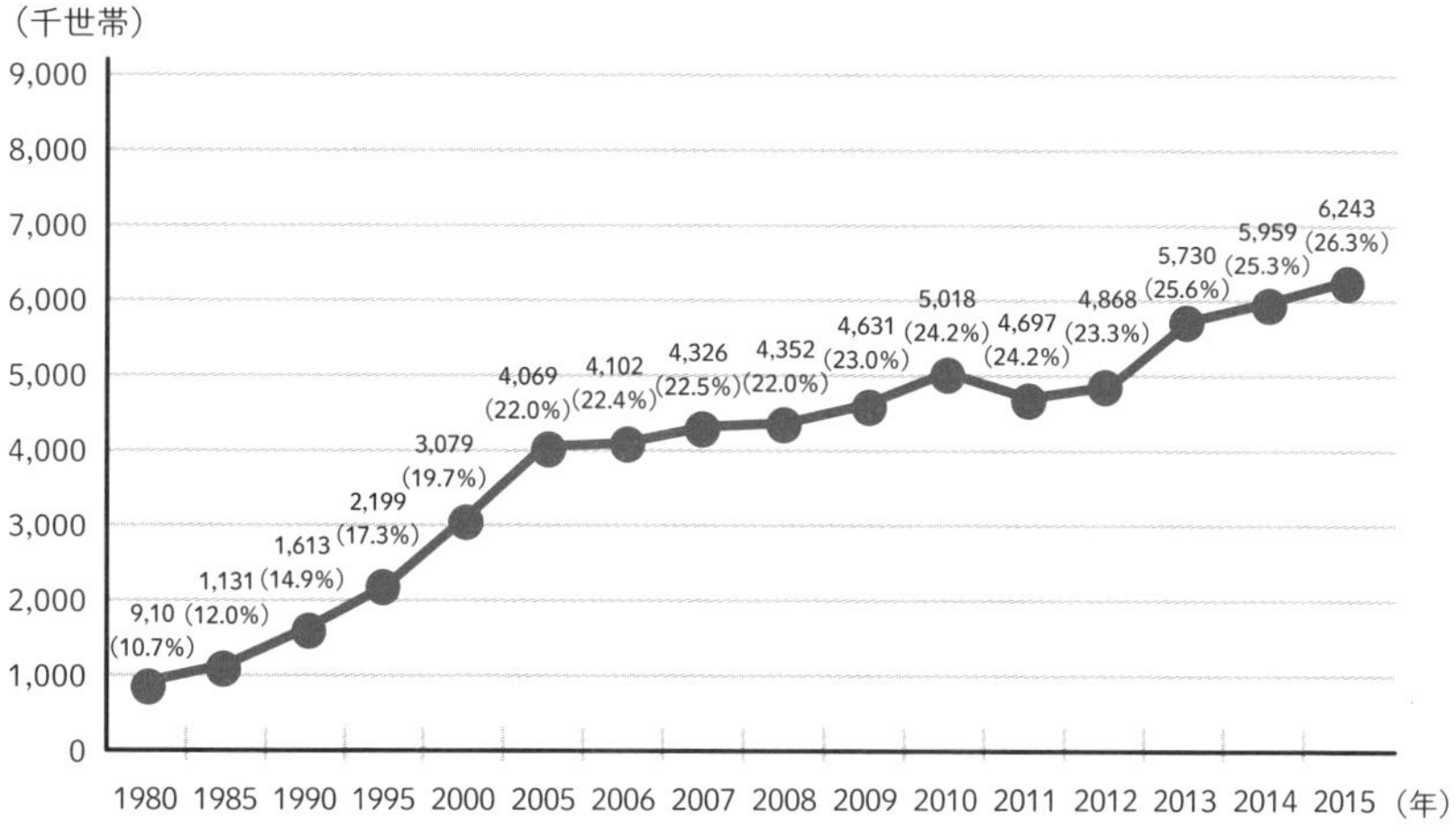

※出典：内閣府「高齢者の家族と世帯」

去35年間で男性は約10倍、女性は約6倍も増加したというデータもあります。一人暮らしが老後破産を意味するわけではありません。でも相談する人がいないという社会的孤立が、老後破産に間接的なことでも大きく影響するのです。

72歳

わが子がニートに。娘は離婚出戻り

中高年の引きこもりの7割以上は正社員だった人

引きこもりというと、学校に馴染めず不登校が続いている子どもをイメージする人も多いのではないでしょうか。確かに若年層の引きこもりもいますが、**今では高年齢化が進んでいる**のです。15〜39歳までが54万人、40〜64歳までが61万人とほぼ同数にまでなりました。

40代というと一般的にいえば、働き盛りの年代。親の手からとっくに離れているはずですが、様々な理由で引きこもりになってしまうのです。子どもの収入も絶たれますから、**親が生活費の面倒をみることになります**。しかし、その頃親はとっくに現役を引退しており、年金で暮らしていることがほとんど。中高年の引きこもりは家庭の人間関係だけではなく、金銭的にも困窮させるリスクが大いにあるのです。

引きこもりには2つのタイプがあります。

一般的なタイプは、10代から学校の不登校、イジメなどによって引きこもりが常態化して、そのまま社会人を迎えるケース。社会人になっても会社での人間関係で傷つき、引きこもりが復活するケースがあります。そのまま社会復帰するのが難しくニートになり、長期化して中高年化していきます。親も子育てをしながら、老後も一緒に住むことに対して覚悟を決めてしまうことが多いでしょう。引きこもりの平均期間は約10年となっています。

もう一つのパターンが、引きこもりの新型ともいえるタイプ。社会人になり10年も20年も働いた後に、引きこもるケースです。内閣府による中高年の引きこもりの調査では、「正社員として働いたことがある人」が73・9％もいます。**中高年の引きこもりといっても、4人に3人は新入社員からしばらくは正社員として社会人生活を立派に送っていた**ことを意味しているのです。

子どもの「離婚＆子連れ出戻り」で、老後資金を圧迫されるケースも多し

バブル崩壊後のこの30年、我々の想像以上に多くの経済環境の変化があり、企業間の競争も激化しました。過去と比べてもリストラはごく普通の会社再建策の手段として活用され、40代の働き盛りの正社員であってもリストラに直面するケースも珍しくありません。

中高年に差し掛かって、いきなり転職市場に放り出されるのです。特別な能力や経験がなければ、再就職するのも難しい年齢になります。数十社応募しても書類選考で落とされて、面談にさえもたどりつかず……。非正規やアルバイトであれば職はあるかもしれませんが、かなり年下に命令されたり怒られたりしながら仕事をするのは精神的な苦痛が伴います。やがて働く意欲が下がり、その

まま引きこもりになるケースです。親にとっては、この年になって実家に戻ってくることなど想定していたでしょうか。

ちゃんと会社勤めをしているから自分の子どもは大丈夫！と思っても、そういった社会人こそストレスと戦いながら仕事を続けています。**どのような家庭でも起こりうる問題**であることを、まずは知る必要があるでしょう。

リストラまでいかなくても、出世コースから外れたストレスからアルコール依存や出社拒否になるケースもあります。

さらには妻や子どもへの暴力に発展することもあり、**妻が子どもを連れて実家に戻ってくる**のもよくあることです。

結局**親は、娘とその子（親から見れば孫）の教育費を負担する**こともあります。退職金で貯金があっても、年金収入だけだと、この先もやっていけるかは難しいでしょう。

大人になっても「自己肯定感」は高めることができる

引きこもりの原因にはいろいろな要素が絡んでいますが、共通点は「自己肯定感」が低いということ。自己肯定感とは、「自分の可能性を信じ、自分はできるんだ！という自信を持ち、肯定的に自己を認識すること」とされています。

自己肯定感が低いということは、自分の可能性を信じず、常に否定的に捉えることになります。「自己否定感」とも言えます。このネガティブな思考が、結果的に、「自分はダメだ、無理だ、できない、必要とされていない。生きる価値もない、死にたい……」と負のループにつながり、「人とも会いたくない、家でじっとしていたい」となります。

社会人になり30代頃から自分を変えるのは、相当な労力が必要です。親も会社も、学生時代や新入社員の時のようにサポートしてくれるわけではありません。

『はなまる学習会』の高濱正伸先生をご存じでしょうか。この先生の教育指導の目的は「メシが食える大人に育てる」。子どもが将来社会人になってからも、自立した大人になるように育てるということです。名だたる大学や企業に入ることが第一にあるわけではありません。

残念ながらどんなに有名な大学を卒業しても、超一流とされる企業に就職できても、将来は約束されていないのが現実社会。そこで、逆境に遭っても簡単に心が折れず、自分のことは自分で守ることが大事な時代にきていると感じます。高濱先生の教育指導のようなものが、ますます重要視されるでしょう。

とはいえ、社会人になってから急にメンタルを強くすることは、なかなか難しい。そこで小さい頃から、自立した子どもに育てていけば、どんな苦難にも耐えられることができると思っています。

子どもが既に社会人になっていて、かつ自己肯定感が低い場合は、どうすればいいのか。実は、

大人になっても自己肯定感は、高めることができます。

社会人になると、自己肯定感が低くなる要因がたくさんあります。「同期と比べて営業成績が悪い」「取引先とうまくコミュニケーションがとれない」……。上司や社外の付き合いは、友だちでも親戚でもないので、スムーズにいかないのが大前提となります。そこに気づかないと、自分ができない、能力がないと、どんどん考えがちになります。

自己肯定感が低い状態から、いきなり高い状態にはなりません。まずは、「今のままでいいんだ。自分らしくいればよい。そのままでOK」という自己受容が必要となります。**わが子の自己肯定感が下がっている状態であれば、何もアドバイスをせずに、「今のままでいいんだよ。おまえらしくでいい」と認めてあげる言葉をかけることが重要です。**

自己肯定感を、わかりやすく木に例えた表現があります。

1 自己感情 (自分には、価値があると思える感覚) ……根
2 自己受容感 ありのままの自分を認める感覚……幹 ここが大事!
3 自己効力感 自分にはできるんだと思える感覚……枝
4 自己信頼感 自分を信じられる感覚……葉
5 自己決定感 自分で決定できる感覚……花
6 自己有用感 自分は何かの役に立っているという感覚……実

わが子がどんな苦しい時も、悲しい時も、落ち込んでいる時も、親がいつも受け入れてくれるという感覚を持つことがスタートとなります。

メンタルがボロボロの状態で一流企業で働くよりも、**精神的に落ち着いてやりがいの持てる仕事をするという子どもの選択を、親が後押ししてあげるのも大事。**短時間で解決は難しいかもしれませんが、愛情をじっくりと注ぎながら行っていきましょう。

（※出典：『書くだけで人生が変わる自己肯定感ノート』〈中島輝／SBクリエイティブ〉）

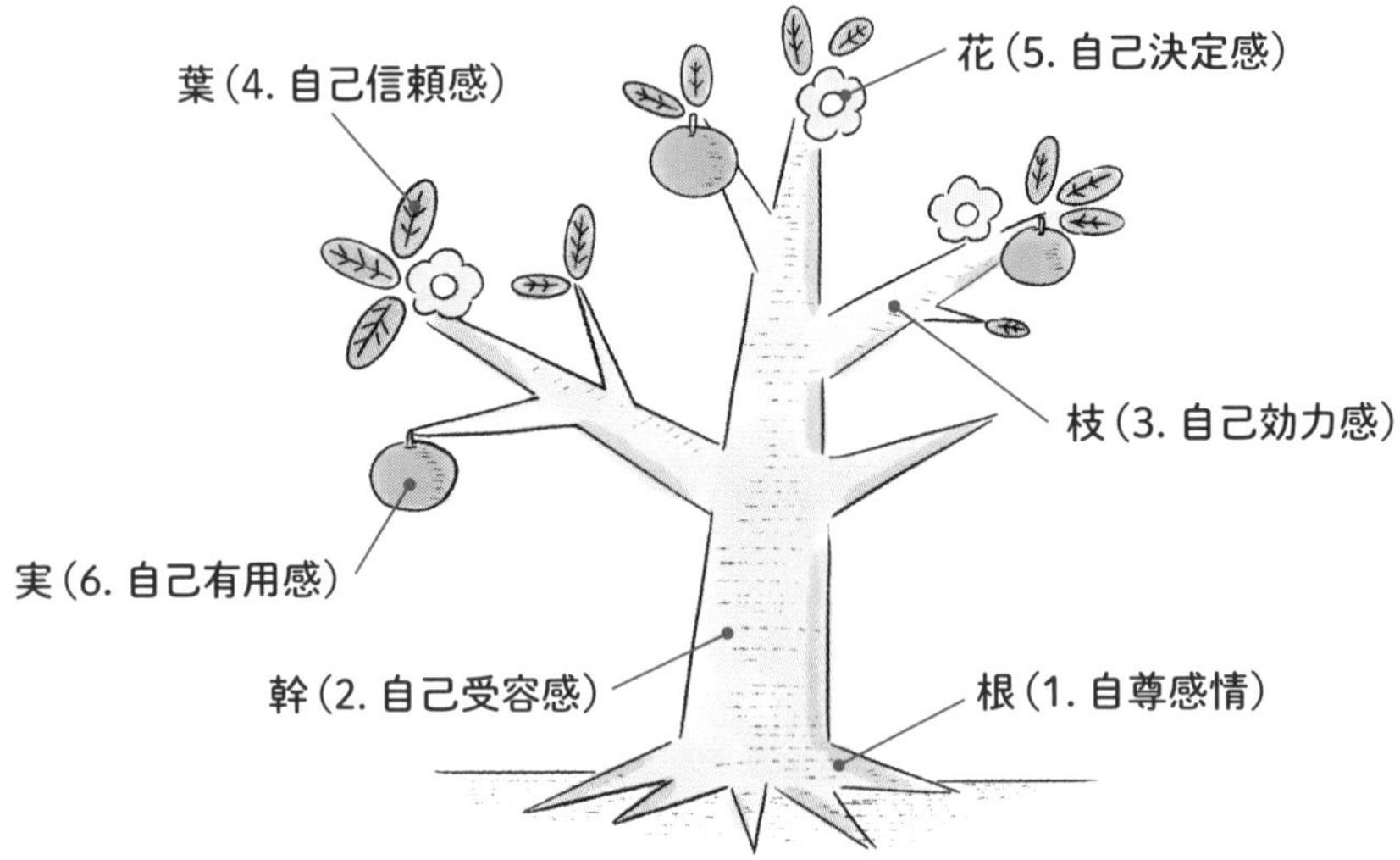

75歳

病気、要介護、認知症になる割合が倍増

団塊世代が75歳以上になる2025年から、日本は正念場を迎える

75歳になると病気を発症する割合が一気に増加。現状の数字からも、その傾向が読み取れます。65歳から74歳までは前期高齢者と呼ばれますが、要介護を申請する割合は前期高齢者の人口の4・3％です。

一方で75歳を過ぎると、その割合がグッと上がります。**75歳以上である後期高齢者**の555万人が要介護の認定を受けているのです。実に後期高齢者の3人に1人が、要介護認定者となっています。要介護の制度を知らない人、知っていても申請しない人も含めると、その数はもっと多くなります。

要介護を申請するには、主治医意見書を取得することが必須。診断内容は、認知症、脳血管疾患、骨折、関節疾患、心臓病、糖尿病、がん、呼吸器疾患、視覚障害などが代表的です。脳の病気と体の病気に大きく分かれています。要介護状態が増えるということは、病気でかつ、不健康な人が増えたことを意味します。75歳になると誰もが、どこかしら病気になる確率がだいぶ上がるのです。

しかも、**個々の病気を治したところで、寿命が延びる保証はありません。**もぐらたたきのように、一つの病気が治ったら次は違う病気が発症。あるいは、一つのがんを治療することで他のがんが発症したり、認知症や心不全といった別の病気を近づけることもあります。病院での治療もそれぞれの病気を治療する仕組みになっているに過ぎず、病気になりにくい体にしてくれるわけではありません。

お金の面も無視できません。確かに75歳からは後期高齢者ですから、医療費が1割負担となります（高額所得など一部の例外を除いて）。とはいえ、75歳から病気はかなり増えてきて受診の回数が増えるため、2割負担が1割負担に変わったところで、若い頃よりも医療費の合計額が高くなることは十分にあり得るのです。

女性と男性とでは、特に気を付ける病気は変わります。男性は、脳卒中などの脳血管疾患。介護が必要になった原因の中で3割を占めているからです。**女性の場合は、介護の原因として最も多いのが認知症**で、2割となります（P125の図18）。

また**女性は、男性より多い疾患が骨折と関節疾患。**女性は、閉経後には骨を作るホルモンが減り、骨粗しょう症になりやすくなるからです。骨密度がスカスカで、骨折しやすい状態になっています。

図18　男女ごとの介護の原因

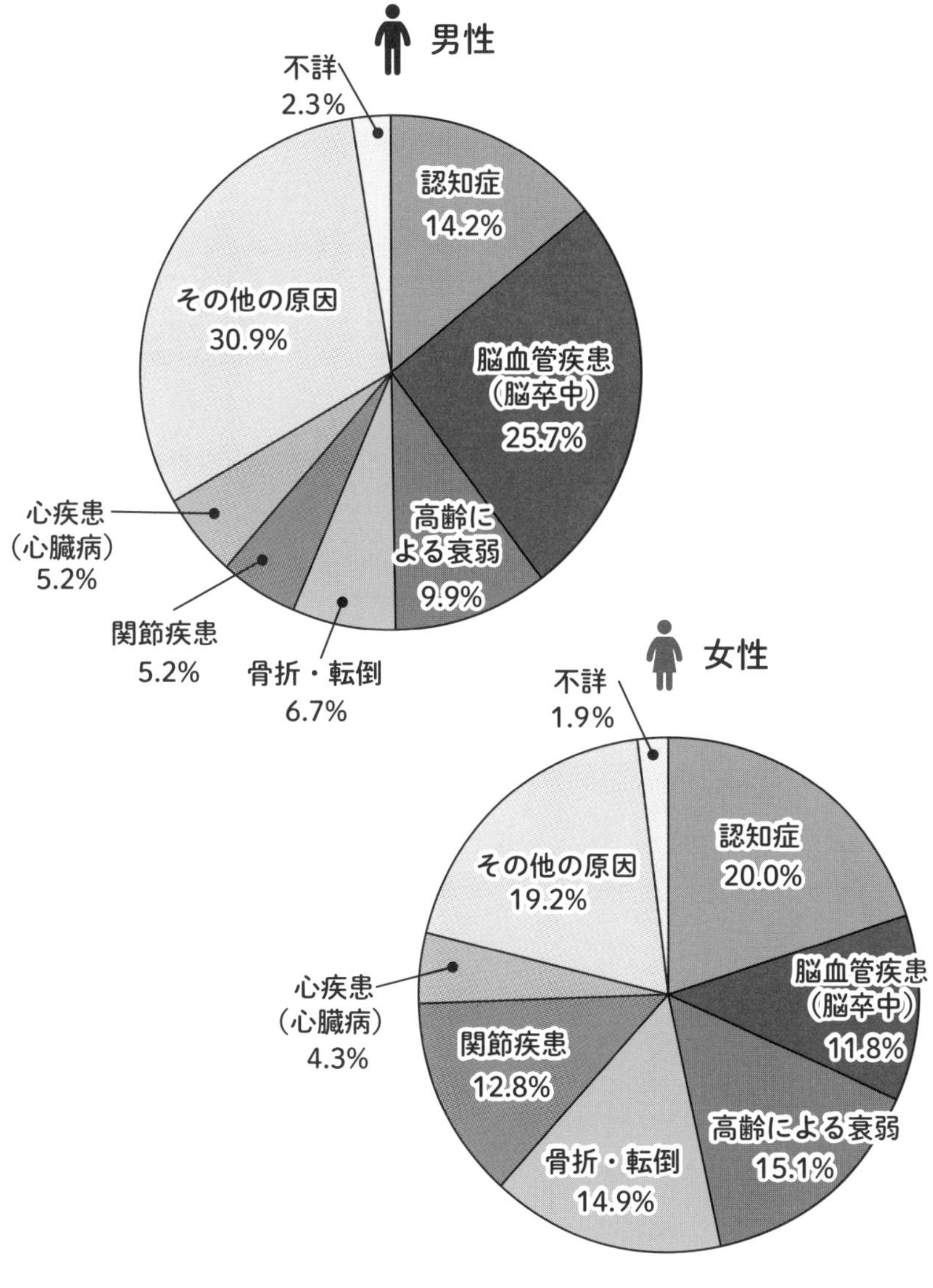

※出典：厚生労働省「グラフでみる世帯の状況」（2018）

それと、病気を予防することも大事ですが、病気がなくても不健康な状態で既にリスクがあることを認識しなくてはいけません。

「疲れた」「体がだるい」「外出ができない」「重い荷物が持てない」「物忘れが多くなってきた」、いずれも病気と呼ぶほどではありません。しかしこれらのような不健康な状態は、生きていく上で不便なのは事実です。

「フレイル」という言葉を聞いたことはありませんか？　**フレイルとは、健康と病気の間にある状態。**細かく言えば、「健康→フレイル予備群→フレイル→要介護」となります。フレイルは英語のfrailty（虚弱、老衰）からきています。

つまり健康寿命を延ばすポイントは、フレイルにならない生き方です。

2025年は、団塊世代が一気に75歳以上になる年。団塊世代とは、1947〜49年頃の第1次ベビーブームに生まれた世代。75年間が経ち、一気にフレイルそして、病気、介護リスクのステージに入ってきます。**介護が激増**することが懸念されるのです。

そして、2015年には550万人だったフレイル人口が、2025年には、約700万人になると推定されています。

医療費、介護費だけじゃない。老後の大きな経済損失を知ってますか？

病気と介護の費用を知っておくことも大事です。

まず病気にかかれば、通院または入院することになります。個人が一生涯でかかる医療費は、平均して2724万円。そのうちの実に半分の費用が70歳以上になってからのものです。高齢になってからの病気がいかに多いかが、医療費からもわかります。ただし実際には保険があるので、実質の負担は約200万円となります。

でも**老後に増える出費は、医療費だけではありません。介護費用の存在がとても大きい**のです。平均的な家庭（P76〜77で紹介した日本の平均的な老後の家族の場合）ですと、自宅介護を5年間するだけでも約500万円かかります。さらに一般的な民間施設に5年間入居すると上乗せされて、**介護費用の合計は約2000万円**にまで上昇します。

さらに、医療費と介護費以外で家計を圧迫するものがあります。それは、**家族の収入減**。平日に仕事を休んで病院に同行する。自立できない状態になると仕事を辞めて、介護に専念しなくてはいけません。50歳で介護離職すると、**年収500万円の場合は、×10年間で5000万円の経済的利益を得ることができなく**なります。

精神的な負担を入れると、生活の質も一気に低下。介護疲れで不眠やストレスで病気になれば、そこでも医療費が発生します。

このように出費は思わぬ形で、雪だるま式に増えることも大いに起こり得るのです。しかも老後の介護費や医療費は、発生が長期にわたります。日本は保険があるから医療費は安く済むと、安心してはいけません。

介護予備軍の「フレイル」を遅らせることはできる！

お金から健康の話に戻しましょう。

75歳になると誰もが病気になるわけではありません。高齢者の約10％が、亡くなる間際まで心身とも元気な状態で過ごしています。フレイルになったものの要介護までは至らず、その後数か月で亡くなる形です。フレイルは先送りにできている人も現実にいるのです。

私も喘息《ぜんそく》持ちですが、健康的な毎日を過ごしています。21時に寝て5時に起きる生活です。運動は子どもとの週末サッカーや、時折10キロもある次男を抱っこすることで筋トレもしています。フレイルの予防習慣として、体全体の筋力をつけ、栄養バランスを良好にすることが欠かせません。喘息であっても老後を迎えた際に、要介護になる時期を遅らせることはできると信じて、今からこのような生活を送っています。

これからは人生100年時代に合わせて、健康寿命を延ばす、つまり病気を持っていても介護を受けない生き方を目指さなくてはいけません。**今からでも、フレイルや介護を先送りにできる方法はあります。**

フレイル対策に入る前に、さらに詳しくフレイルを見ていきます。

例えば高齢になって骨折する場合、交通事故にでも遭わない限り、健康状態からいきなり骨折することはごく稀。ほとんどが、一旦フレイルの状態を経て骨折に至るのです。

外に出歩かなくなると、筋力が低下していきます。筋力が低下すれば活動量が一気に減り、食欲も減退し低栄養になります。出不精になれば、社会的な孤立が加速するので心の病が出始めます。こうしてフレイルになっていくのです。フレイルになるとちょっとした段差や電源コードにひっかかって、家の中でも骨折するケースが圧倒的に増えます。実際に、家族や友人と積極的にかかわりを持って外に出る人は、家の中で骨折なんてめったにしません。

毎日ウォーキングや散歩をして、食事をしっか

図19　フレイルと健康余命の関係

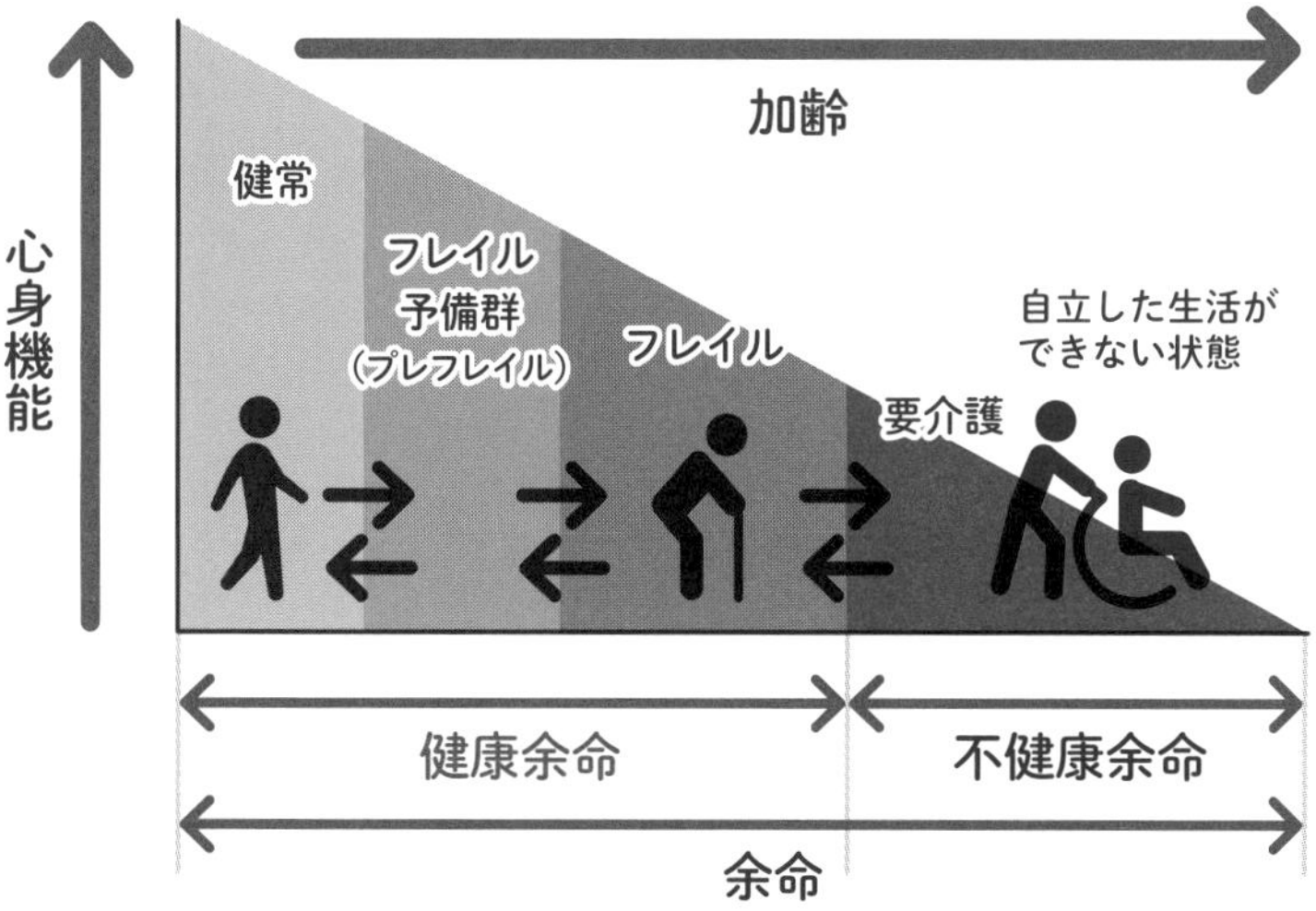

※出典：『100年時代の健康法』（北村明彦／サンマーク出版）

りとって、タンパク質など栄養があるものを欠かさないようにして筋力を強化しましょう。

知るなら早いほどいい。フレイルかどうかすぐにチェック！

ここで、フレイルかどうか、チェックリストで確かめましょう。幾つ当てはまるか、数えてください。そしてその数をＰ１３１のグラフに当てはめてみましょう。

●フレイル度のチェックリスト（東京都健康長寿医療センター研究所）

- □この1年間に「転んだこと」がある
- □「1キロくらいの距離」を不自由なく続けて歩くことができない
- □「目」は普通に見えない（眼鏡を使った状態でも）
- □「家の中」でよくつまずいたり、滑ったりする
- □転ぶことが怖くて「外出」を控えることがある
- □この1年間に「入院」したことがある
- □最近、「食欲」がない
- □現在、たいていの物は「噛んで」食べられる状態ではない（入れ歯を使ってもよい）
- □この6か月間に「3キロ以上」の体重の減少があった
- □この6か月間に、以前に比べて「体の筋肉」や「脂肪」が落ちてきたと思う

あなたの健康状態は、こちらでチェック

男性

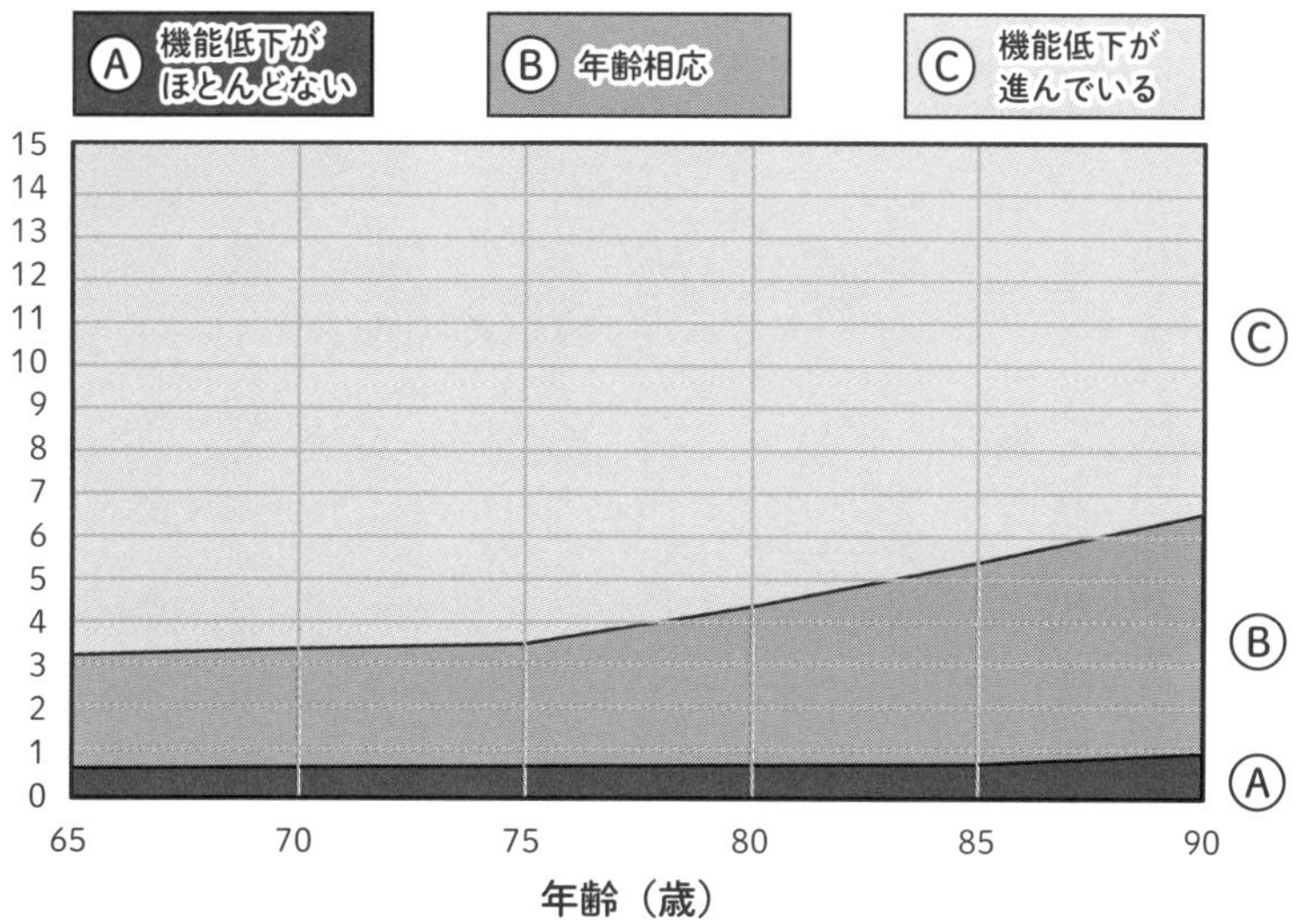

女性

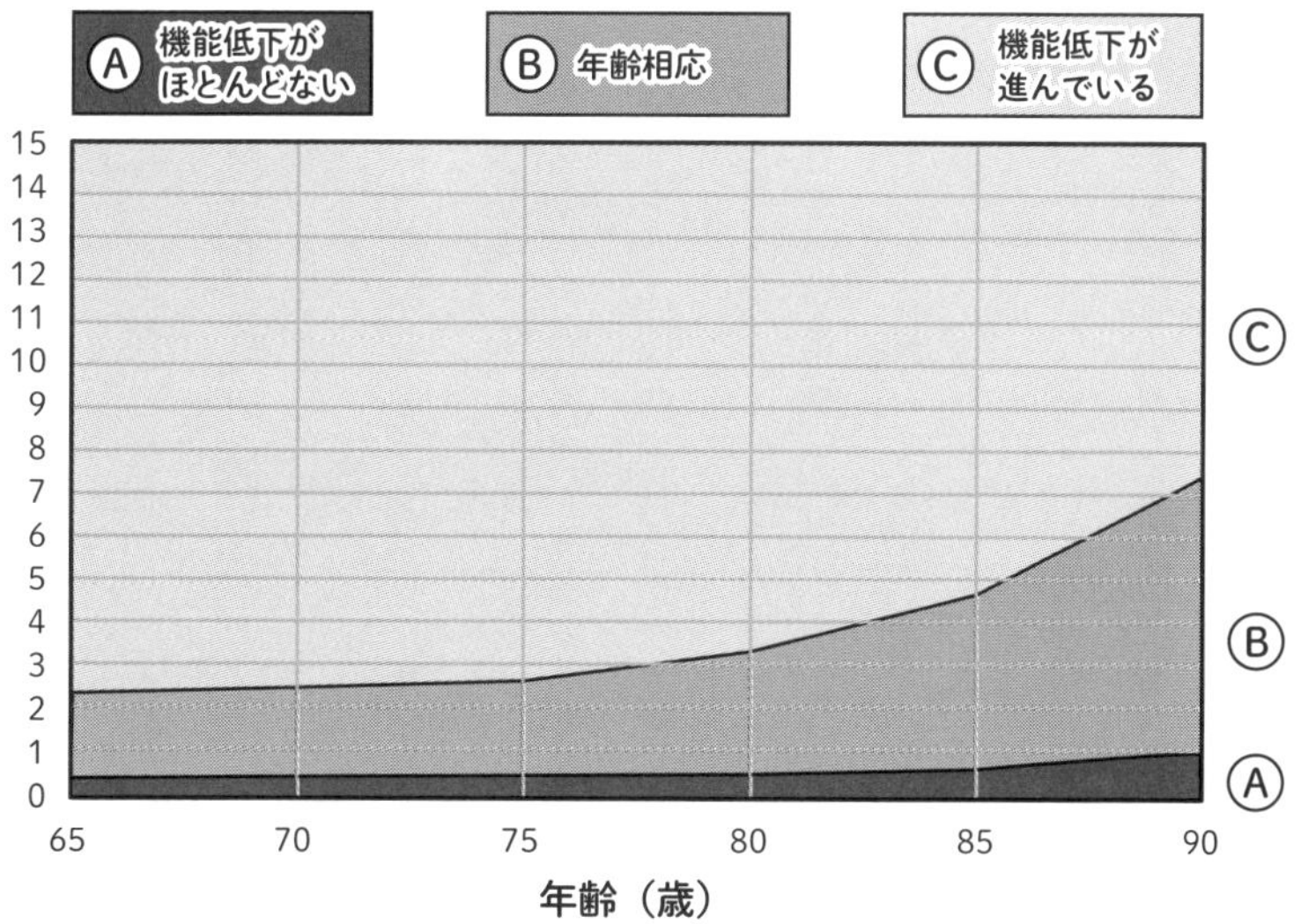

※出典：『100年時代の健康法』（北村明彦／サンマーク出版）

□一日中家の外には出ず、「家の中」で過ごすことが多い
□ふだん2、3日に一回程度も「外出」しない（庭先のみやゴミ出し程度の外出は含まない）
□家の中あるいは家の外で、趣味、楽しみ、好きでやっていることがない
□親しくお話しできる近所の人はいない
□近所の人以外で、親しく行き来するような友達、別居家族または親戚はいない

昨今の**コロナ禍では外出や人と交流する機会が減ったため、歳を重ねなくてもフレイルになりやすい状態**にあります。75歳以上でなくても60代・70代前半でも気を付けていかないといけません。20代くらいからの食生活や生活習慣によって、中年の時点で既に生活習慣病が目立って発症することがあります。この生活習慣病が進んでしまうほど、老後はフレイルになるリスクが高まるのです。

でも諦めないでください。仮にフレイルになっていたとしても、健康状態に戻れることはよくあります。質のいい睡眠、運動、栄養バランスのとれた食生活、社会的に孤立しない環境をつくることによって健康は取り戻すことができるのです。

まずは生活習慣を改善してください。先のチェックリストでフレイルではないとわかった人でも、老後は常にフレイルにならない予防策が必須です。既にフレイルに仲間入りしてしまった人は、生活習慣を大幅に見直す必要があります。

以下でいよいよ、具体的にフレイル対策を解説していきます。

様々な病気の原因・睡眠不足は、日光を浴びるだけでも予防できる

睡眠は、単に長時間とればいいわけではありません。睡眠というと時間ばかり語られますが、質も同じくらい重要です。

睡眠の質が悪いと病気にかかりやすくなることが、科学的に立証されています。がんは1・6倍、高血圧は2倍、糖尿病は2倍、風邪は4・2倍にも増えることも示されています。

認知症だって、睡眠の質の低下で発症率が高まります。認知症は、高齢になってからの行動だけで発症するわけではありません。数十年間の悪い睡眠習慣によって脳に老廃物がたまって、認知症が引き起こされます。

質のいい睡眠をとるには、就寝時だけでなく、日中の活動が大きく影響します。日光を浴びて、午前中に適度な運動をすることによってセロトニンが分泌されます。セロトニンは、癒しのホルモンです。心身とも安定させることによって、日中の活動が活発になります。

逆にセロトニンが分泌されないと、外出が億劫、食事も面倒、日中家でゴロゴロしながらテレビを見てばかりという習慣になり、フレイルに近づくのです。

セロトニンが分泌されれば、睡眠の質がよくなります。深酒は、睡眠の質を下げます。夜寝る前の2時間も大事ですが、日中の活動が睡眠の質を大きく左右するのです。

これらセロトニンの分泌を促す行為は、すぐにでも始められ、お金もかかりませんよ!

50歳 51歳 53歳 55歳 56歳 60歳 61歳 62歳 63歳 65歳 66歳 70歳 72歳 75歳 77歳 79歳 80歳 82歳 90歳 100歳

健康法の王道の散歩は早朝に行うのがミソ

健康法の定番はジョギング。ただ3日坊主の人も相変わらず多いでしょう。ですから、ハードルを下げることを考えましょう。

まず、ジョギングの目的はマラソンの完走ではないことを認識してください。あくまで、介護状態にならない健康な体を維持することです。

でしたらジョギングにこだわる必要はなく、**早朝散歩**で十分です（もちろん、ジョギングできる人、したい人は続けてください）。**時間は15分だけでOK。**早朝散歩をするためには早く寝る必要があり、深酒はできません。心身ともに健康でなければ、朝早く散歩に出ようとは思えません。このようにして**早朝散歩をきっかけに、連鎖的に生活習慣を半ば強制的に改善してしまう**のです。

早朝散歩をベースに加え、**買い物の回数を増やす、週何回か用事を意図的に作れば、外出の機会はますます増えます。**

階段があれば迷わず利用することで、足の筋力をいっそう鍛えることができます。

ただし、何でもやりすぎは禁物。無理がたたってケガでもしてしまったら、本末転倒です。75歳を過ぎた後、もし足をケガ、ましてや骨折して入院までですると、「介護生活駅に向かう特急列車」に乗ってしまうことにもなりかねません。長期間の入院生活は、想像以上に心身を劣化させます。退院後には、フレイルどころか介護状態になるリスクがあります。

余力があれば、**ハイキング程度の登山やプールでのウォーキングを追加**することを、お勧めします。

登山は、頂上までの登ることによる達成感、筋力アップ、自然に囲まれることによるセロトニン分泌などいいこと尽くめ。ただし、気を付けたいのは下りです。下りは階段も含めて、体重の4倍から7倍の負荷が膝にかかるというデータもあり、足腰が痛むリスクがあります。しっかりとサポーターをつけておくと、負担を軽くすることができます。

プールでのウォーキングは足を痛めにくく全身運動となるので、老後にはぜひ加えたい運動習慣です。

人間の体は元々そんなに食事はいらない。プチ断食にトライしよう

我々の体は口に入れたものから作られていることを考えれば、フレイルに向かわせる食事だってあるわけです。

体にいい食べ物・悪い食べ物は、皆さんも知っていることが多いでしょうから（青魚や発酵食品がお勧めで、スナック菓子やファストフードがよくない、など）、他の本にゆずることにして割愛します。

私がここで触れたいのは、食事の回数と量です。

人間以外の動物でも、それは当てはまります。ペットで飼っている犬や猫だって、カロリーの高い食事を腹いっぱいとり続けると肥満になり、認知症も引き起こします。

厳しい自然界で生きる野生の動物で、肥満になったトラやシマウマやワニを見たことがあるでしょうか。これらの動物は食べ物を得ることにすら熾烈《しれつ》な競争が要求されていて、毎日同じものを同じように食べられるとは限りません。そのため、生き残り、子孫を残すプログラムとして、少ない栄養でも生き続けることができるよう進化してきたのです。

人間だって同じです。人類は誕生してから99％の歳月を、野生動物と同じように狩猟と採集で生活してきました。その期間は200万年間です。そして現代は、産業革命からわずか250年程度。200万年も続いてきたDNAが、その数千分の1程度である250年で変わるとは考えにくいです。我々の体には狩猟採集民族時代の本能が残っているために、必要以上のカロリー摂取、食べすぎは体に悪影響を与えることが様々な研究からも明らかになっています。

そこで先祖に学んで、**食事を必要最低限にする意識は大事。**

1日3回の食事も、割と最近から始まったこと。日本ではそもそも、江戸時代までは1日2食でした。そう考えれば、定期的な運動もせず3食に追加される間食が体によくなさそうなことが、いっそう身に染みて感じられることでしょう。

食事の回数を減らしたいところですが、最初からは難しいでしょうし、丸一日の断食はあまりにもハードルが高い。

そこで**お勧めしたいのが、プチ断食。**週に数回は、16時間の断食を行うというものです。断食をする16時間の間は、ヨーグルトや素焼きのナッツ類を口に入れるくらいはいいでしょう。

私もこれに近いことを実践しています。19時半に夜ご飯を食べて、21時に寝て、5時に起きます。この時点で夜ご飯から10時間経っていますからお腹は空くことが多いです。ここを乗り切れば、11時半には夜ご飯から16時間が経過しているので、ようやく食事をとるのです。朝に空腹が耐えられなくなったら、ナッツ類か納豆ご飯くらいは食べてしのぎます。長生きがしたいというより、病気にならない健康な体を手に入れるための習慣です。

外出してもスーパーと病院だけだと、フレイル対策としては不十分

社会的なつながりがないと、必要な買い物や病院通い以外で外出する理由がなくなります。外に出ないと歩かなくなり、筋力が衰えていきます。

特に都会の男性の一人暮らしは、フレイルになりやすいというデータがあります。都心に住んでいれば、生活に最低限必要となるスーパーも病院も近くにあり（マンション内にあることも）、あとは家にテレビとパソコンくらいあれば満足できることも多いので、どんどん孤立していきます。

人に会ってコミュニケーションをとることも、老後は重要なポイントになります。外出をしても、誰とも会わずに図書館や公園に行き、外食して家に帰るだけの人も多いでしょう。

今はコロナ禍ですから直接誰かと会うのは難しいこともありますが、でしたら**オンラインで**習い事や趣味を介しての仲間、友だち、親戚とコミュニケーションをとっていれば、社会的に孤立しているとはいえません。パソコンの使い方になれていなければ、**電話でもいい**でしょう。

70歳を過ぎてからいきなり社会的参加の場所を探すのは、ちょっと難しいかもしれません。でも自分の住んでいる地元で、興味が持てたり参加に抵抗がなさそうだったりする活動があるかを調べて、少しでも気になったらお試し程度でいいのでまずは参加してみることです。

参加プログラムは、健康を意識するあまり運動だけに絞る必要はありません。目的はコミュニケーションと脳を使うことですから、囲碁、園芸、習字、楽器演奏など文科系でもOK。**誰も知り合いがいないところでも、共通のことに取り組むため、打ち解けるのも早い**でしょう。

最後に、興味深い事例を挙げます。埼玉県に人口約1万3500人の鳩山町という小さな町があるのですが、ここでの高齢化社会への取り組みは参考になります。運動教室の先生は通常20～40代くらいが多いですが、鳩山町では先生を地元の高齢者にしたのです。先生も同じ年代ということで高齢者の参加率が上がり、今は年間で1万人を超えています。フレイル該当者が、孤独になりがちな大都会の密集地では30％であるのに対して、鳩山町は14％と圧倒的に低い数字におさえられているのです。

やはり社会的なつながりは、フレイル対策には有効といえます。

77歳

資金作りのために自宅を安く売却。子ども夫婦との暮らしもうまくいかず……

子育ても視野に入れて買ったマイホームに住み続けるデメリット

今、空き家は全国で約850千戸。土地にいたっては相続後に登記が行われず、長期間未登記となった場所の総面積は、九州の面積（約368万ヘクタール）を上回る約410万ヘクタールにも上っているのです。昔は子育てに適しているといわれていた郊外型の戸建てやマンションが、今の職住近接のトレンドに合わないことがその原因。空き家や所有権不明の土地が急増しています。

そもそも子育てに適した住居も、子どもが独立して家を出てしまえば、老夫婦には持て余す広さになるのです。特に郊外で広めの戸建に住んでいるのであれば、室内の掃除や庭の手入れをするだけでも重労働となります。**子育てに適した住宅は、終の棲家《ついのすみか》（最期を迎える時まで住む家）とするには決して適しているとはいえません。**

年を取れば取るほど、気力や体力が失われて引っ越しや買い替えは考えられなくなり、**決して住みやすいとはいえない自宅を終の棲家とする人が多い**のです。

また、住宅の種類だけではなく、そもそもどこに住むのか、誰と一緒に住むのかという視点も、老後の生活を充実させるために欠かせない要素となります。

このパートでは、「どこに住むのか」「誰と住むのか」そして「どのような家に住むのか」という3つの視点から、老後生活を豊かなものとする終の棲家とは何か?を考えていきます。

- Where（どこに住むのか）……都会、田舎、海外
- Who（誰と住むのか）……夫婦、子どもと同居、一人
- How（どのような家に住むのか）……戸建て、マンション、賃貸、介護施設

ニセコに移住した私が見た「幸せな移住者」と「不幸せな移住者」の違い

都会暮らしに疲れて、人生の最後は豊かな自然の残る田舎や海外に住みたいと思っている人は多いかもしれません。私は28歳の時に、これまで慣れ親しんできた東京を離れ、北海道のニセコに移住した経験があります。終の棲家として都会からニセコに移住してきた人にたくさん出会いました。私の体験を含めて、地方への移住の現実についてお伝えします。

ニセコで出会ったTさんは宅建を取得し、不動産事業を始めて事業は大成功。都会から移住者を誘致すると同時に、地元の人と深くかかわって土地や部屋を上手に見つけていました。家族ともうまくやっていて、スキーなどアウトドアを満喫。Tさんをはじめ**移住して成功している人に共通す**

るのは間違いなく、コミュニケーション力が高いことです。

田舎にいても、何かしらの人とのコミュニケーションが必ずあります。人が少ないから誰ともかかわりがない、ということはあり得ません。

たとえお金があって広い家に住んだとしても、地元の人との時間をつくらず、人とのつながりを避けていると、縁のない田舎に終の棲家を構えるのは難しいと思います。幸せを感じることができず、結局は都会に戻るケースが多いのです。

失敗する人のパターンは、本気の移住ではなく、どこかで別荘の感覚があるのかもしれません。都会に帰る所が別にあるということから、**地元と積極的に関係を持とうとしない**のでしょう。沖縄に移住した知人もいますが、北でも南でも同じことです。

それで私はというと、飲食店経営でビジネスとして成功はできましたが、自分が未熟で人間関係に失敗し、心の病を持つまでになりました。大自然の中にいても、病んだ心までは完璧に癒してくれないのです。

子ども〝と同居〟よりも、子ども〝の家の近くに住む〟が理想

結論から言えば、子どもと同居せず夫婦二人が望ましいです。実際、二世帯や三世帯の同居は、家族の形として主流ではなく、うまくいかないケースも多発しています。

夫に先立たれた82歳のBさんが、札幌で長男と暮らしていたケースを紹介します。

最初のうちは、問題なく暮らしていたそうです。次第に長男の嫁と、些細な言葉のやり取り、料理の味の違い、掃除のやり方が気になるようになって、折り合いが悪くなっていったそうです。長男も奥さんの味方をして、Bさんは孤独感を味わうようになりました。結局は東京にいる長女の家に移り、今は長女の自宅の近くで介護施設を探しています。

老後に子どもと同居する選択は、いろいろなリスクが出てきます。子ども側も親の介護と向き合わないといけないので、自分の配偶者の協力や理解が必要となります。

高齢の親のほうも、自分の子どもだけでなく、その配偶者との人間関係に神経をつかわないといけません。親子で同居して一緒に住むことによって、住居費や食費の負担が少なくなるため、金銭的なメリットはあります。一方で、人間関係のストレスというリスクもついてくるのです。

ちなみに住宅の購入年齢は、中古マンションは40代、それ以外は30代が多いようなので、全体を平均すればざっくりと30代後半あたりとなりそうです。今回の終の棲家の話は、我が子が家を買ってしばらく経った頃に起きると想定し、77歳としました。

もちろん、60代や80代でも起きうる問題ではありますが。

誰と住むかは、夫婦二人だけ、もしくは一人暮らしをしつつ、住む場所は子どもの家の近くが理

想です。小さい時は孫の面倒をみたり成長を見守ったりすることで、生きる活力となります。そして介護が必要になったら、子どもに助けてもらうことができます。

こうした適度な距離感を保つことが、老後生活でストレスを極力減らしつつも、介護対策も見据えられるのです。

子どもと過ごした家を安売りされる前に、老後用のコンパクトな家に移ろう

自宅を所有していると、いろいろな維持費用が発生します。結婚当初に購入したとすると、子どもが独立した頃には築30年以上は経っていることがほとんど。

特に戸建ての場合、経年劣化により外壁や水回りが傷み、リフォーム費用も想定しなくてはいけません。

マンションであれば、築年数の経過とともに、共用部分の修繕《しゅうぜん》費用として修繕積立金が重く家計にのしかかってきます。築年数が古く、総戸数が少なければ、一世帯あたりの負担額は大きくなります。

老後の自宅は、売却した場合の金額を把握しておくことが重要になってきます。それは、**介護施設に入居する際の費用として、自宅の売却資金を充当するケースがあるから**です。所有している金融資産が少なければ、自宅の売却を視野に入れざるを得ません。

ただし、**いざ売却しようとしても、住宅ローンが残っているのであれば要注意。**築30年、40年の築年数が経過した郊外型の戸建ての場合は、特に売却価格が低くなってしまうからです。売却してもローンが完済できないことも珍しいことではありません。自宅の購入時期が遅く、40代・50代の時にほぼフルローンで自宅を購入した場合は、ローンが残っているケースも多いでしょう。

早い段階で自宅の売却価格を、余裕を持って調べておかないと、急に介護施設に入ることになった場合、買い手を焦って見つけようとするあまり、想定外の叩き売りの状態で自宅を手放すことになります。

子育て用の自宅を特売セールにされないために、早めに老後用の家に住み替えることをお勧めします。この思考が今後いっそう重要になります。ヤドカリのように、住み替えるのです。

老後になればフットワークは落ちるので、**大きい貝（家）は必要ありません。それよりも利便性重視**です。駅チカの50㎡程度のコンパクトマンションは、老後生活にはうってつけ。駅から近ければ、移動はもちろんのこと、買い物や通院にも便利です。

ただしコンパクトであっても、**夫婦各自で1部屋ずつ持つことがポイント。**質のいい睡眠が老化防止として最高の薬となるからです。パートナーのいびきで睡眠の質を落としてはいけません。夫婦でも一人の時間がほしい時に一人になれることも、ストレス軽減につながります。

79歳

介護施設入居が突然やってくる。施設選びで想像以上の出費

ある日急に介護施設に入居となるのが最も多いパターン

介護施設に入った時の平均年齢は、85～90歳となっています。一方で**介護状態になる人は、75歳以降増えてきます**。いつも通りの生活をしても、ちょっとした転倒や骨折で入院。退院したら一人で生活できないので、要介護2の認定を受けて、介護施設に入ることもあります。介護の中でも要支援1、2、要介護1～5までの介護レベルがあります（P21の図3）。

次に、介護が必要になった原因を見てみましょう。1位は認知症で17・6%、2位は脳血管疾患（脳卒中）で16・1%、3位が高齢による衰弱で12・8%、4位は骨折・転倒で12・5%、5位は関節疾患で10・8%。

大別すると、**脳（症状としては認知症や脳卒中）と体（骨折や関節疾患）に大きな変化が起きることで、介護状態になる人が多い**ことがわかります。

介護施設に入るパターンは3つあります。

一番多いものが、急展開のパターン。転倒による骨折や脳梗塞で即入院して、退院後に介護施設に入所するというケースです。骨折箇所は大腿骨《だいたいこつ》が多く、意外かもしれませんが屋外ではなく自宅で80％発生します。

私が相談を受けた高齢の女性は一人暮らしで、室内で転倒して骨折。定期訪問してくれるヤクルトレディが偶然見つけて、即入院することになりました。退院はしたものの以前のように歩行することが困難で、介護施設に即入居という人もいました。

2つ目が**「家族限界型」のパターン。**最初の頃は身体能力や判断能力の低下で、日常生活に多少の支障が出てくるものの、施設に入るほどではありません。介護認定を受けて、家族や公的介護サービスを受けながら、自宅で介護することになります。しかし、徐々に身体の衰えも顕著になっていき、家族介護の限界がきたタイミングで介護施設に入るというパターンです。認知症の場合は、身体能力の低下ほど急速には進行しません。じわじわと症状に変化が起きます。身体的に問題はないが日常生活で判断能力が低下していると、施設に入るタイミングがわからないことが多いのがネックです。

最後は、**自立型パターン。**元気なうちに自分自身の判断で介護施設を探し、施設に入所します。この年齢が平均して79歳となっています。

国からの介護のサポートは、今後ますます手薄になってくる

介護は費用が無視できない存在です。特に施設に入るとなると、いっそう深刻となります。

では国は、資金的にどこまで助けてくれるのでしょうか。結論から言えば、残念なことに今後さらに支援は貧弱になっていきそうです。

国が負担する介護費用激増の時限爆弾は、止めることはできない状況となっています。2025年には団塊世代の多くが75歳を過ぎて、医療費や介護費用の負担が激増することが予測されています。

日本は1961年に国民皆保険制度を作りました。2000年には、介護保険制度ができました。病気になっても介護状態になっても、国が大半の費用を負担してくれる仕組みです。国が負担するといっても、元はといえば我々国民の税金。

医療費のうち39％分は75歳以上の後期高齢者に利用され、18％分は65〜74歳の前期高齢者によって使われています。つまり**65歳以上の高齢者によって、医療費の実に6割（半分以上！）が消費されている**のです。医療費の総額が約44兆円（2019年度）ですから、その6割というと約26兆円。これはフィンランドの国家予算並みです。

今後、高齢者の数はますます増えていきます。必然的に**医療費、介護保険費も増えていくことを意味します。その金額は、毎年1兆円ずつ増えているのです。**

50歳
51歳
53歳
55歳
56歳
60歳
61歳
62歳
63歳
65歳
66歳
70歳
72歳
75歳
77歳
79歳
80歳
82歳
90歳
100歳

国としては、激増する医療費と介護費用を抑える策として、**介護サービスの質を下げるか、国民による介護費用の負担額を上げるしかありません。**

さらに国は、**自宅介護を推奨**しようとしています。これは避けられない傾向です。

一見いいこと尽くめのサ高住。結局は出ていくことも多い

こうして介護施設に入ることになったとしたら、どこにするかを決めることになります。

介護施設には大きく、民間と公的なものと2つあります。

民間であればサービスは手厚い。しかし費用は高め。お金がある人であれば億単位の施設も選べますが、年金と預貯金が十分でなければ選択肢は少なくなります。

公的な介護施設の特別養護老人ホーム（特養）は、今は全国的に費用が安いので人気で、**入ることが難しい**のが実情です。

注意してほしいのは、**サービス付き高齢者住宅、通称「サ高住」**。サ高住には、ルールがあるようでなく、あいまいという特徴があります。入居する際の費用は安く、一見すると候補に挙げたくなります。

しかし**介護サービスは、施設の入居とは別に契約して受けることになります。**最初にサ高住に

入ったものの介護の環境が不十分で、結局は他の老人ホームに入り直すケースも想定しなくてはいけません。終の棲家だと思ったら、介護レベルが重度になると出ていかないといけないなど落とし穴もあります。

特養を、もっと詳しく見ていきます。

国の負担で、割安で入れる介護施設があります。入居するのに費用が発生しません。そして、毎月の施設利用料が15万～20万円程度と破格となっています。

リーズナブルなので、当然人気があります。それもあってか、かつては要介護1でも入居できましたが、今は要介護3以上でないと入れる資格がありません。人気のある所では、入居するまで2年待ちといわれます。常に介護職員不足で、比較的元気な人だと相手にされないこともあります。

軽度の認知症を受入対象とした小規模の介護施設「グループホーム」も、毎月の費用負担が安く人気です。条件として、住民票がある場所でしか申し込みができません。また認知症でトラブルを起こしたり、身体的な介護が多くなったり徘徊《はいかい》がひどかったりする場合は、出ていかないといけません。公的な機関だけに、ルールが厳格です。一つの施設で最後までいられる保証はありません。

認知症対策として、真っ先にすべきは銀行口座の確認

介護施設の費用はピンキリです。民間でも地域によっては、入居金なしの施設もあります。

毎月の介護施設費用は、年金口座から引き落としているケースが多いもの。年金の受給金額が平均20万円程度なので、毎月の介護施設費用も同じくらいに設定されています。

ただし一時入居金は、入居前に振り込む必要があるので、認知症になると資産が凍結して、施設に入ることができない可能性があります。自宅を売却して、売却資金で施設に入るパターンも認知症になるとできません（詳細は、82歳のパート〈P161〜〉にて）。

この**認知症対策は、家族信託ですっきり問題を解決することができます。とはいえ費用がかかります**ので、家族信託が一番いい方法かどうかは、家族の状況によって変わります。せめて年金が入る口座の暗証番号だけでも、子どもは親から聞いておくと、当面はお金を引き出すこともできます。

高齢者は、定期預金に入っているケースが多いです。定期預金は、一旦解約して普通預金にしておかないと一切使えませんので、**元気なうちから普通預金に変えておく**のもいいでしょう。

健康であるほど当然、介護費用を抑えられます。

介護は想定外の出来事ですが、原因は存在します。自立できない介護になる前に、フレイルというステップがあります。**フレイルにならなければ、介護状態になるのを先送りにすることができます**（詳細は、75歳のパート〈p123〜〉にて）。

病院に併設された介護施設の意外な落とし穴

介護施設に、よく吟味せずに入ってしまうことが散見されます。いざ施設に入ったものの「サービスがよくない」「雰囲気が暗い」「スタッフの対応が悪い」という声はたくさん聞きます。施設に入っては出ていき、また入る……、と繰り返す人も珍しくありません。

そこで、介護施設につきまとう落とし穴を知っておく必要があります。

「医療法人併設型」「クリニック併設」「24時間看護師常駐」など**病院やクリニックに併設された介護施設**は、24時間看護師常駐なので何かと安心感があります。

ただし、それだけで**費用が月々数万円も上乗せされる**こともあるので、それに見合う価値があるかどうかを判断しましょう。というのも病院が併設されているからといって、医師が常に診てくれるわけではないからです。介護の現場で大事なポイントは、看護師の常駐や病院の併設よりも「介護にかかわる職員の数」となります。

「**看取り介護**」などとパンフレットに表記し、「息を引き取る最期まで看取る体制がある」とうたっていても、すぐに真に受けてはいけません。こちらも代表的な落とし穴です。

介護施設での看取り介護とは、自然死を想定しているケースがほとんど。延命治療の医療行為が最後にないことを前提としています。事前に介護施設側に「どんな看取りサービスを行っているのか」質問してみてください。とはいえ一概に、介護施設に問題があるとは言い切れません。

豆知識になるかもしれませんが、民間の介護施設はM＆Aが活発です。名前が変わることがあるものの、**倒産することは稀**なので、その点はあまり心配しなくていいでしょう。

先にもお伝えした通り、介護施設には急に入ることになるケースが多くなっています。ですから、介護施設のリサーチに十分に時間をかけられないことは普通にあります。

とはいえ、医療契約、介護サービス契約など契約にはいろいろな内容が盛り込まれます。ですから、時間がなくて契約内容をしっかりと読んでおらず、「話と違っていた」ということも。施設が合わず半年で退去した人が、一時入居金1000万円のうち500万円しか戻ってこなかった、なんて例もありました。

介護が必要になった場合は、プロにも相談したいところです。**地域包括支援相談センター**はぜひ知っておきましょう。専門知識を持つ職員が、要介護者が住み慣れた地域での介護や、日常生活の支援など幅広い相談に応じています。介護保険の申請の窓口にもなってくれます。

一番の理想は、入居する本人が元気なうちに、本人と家族で時間をかけて調べて見学すること。失敗の確率はかなり減ります。

しかも元気であれば、「サ高住」のような介護サービスが少ない所から、介護が手厚い所まで、選択肢の幅を広く取ることもできます。ただし、体調によっては途中で施設を変更する可能性があることを、念頭に置いておきましょう。

「介護施設に入ってもらうのは悪い」という心理をなくそう

仕事や子育てをしながらの介護は、本当に大変です。ノイローゼになるほど追いつめられることも珍しくありません。ついに介護施設に入れることになっても、それはそれで申し訳ない気持ちにかられることもあります。でもそのまま無理をしていたら、夫婦も高齢の親も、共倒れになります。**介護施設に入れるのは、決して悪いことではありません。**介護は長期化しますから、「今しんどいのを乗り越えれば」というわけにはいきません。早めに介護施設に入ってもらうことが、お互いにとって幸せなケースもあるのです。介護施設には、高齢者との付き合い方、接し方のプロがたくさんいます。

特に妻が、義理の（夫の）親の介護に追われることが多くなっています。でも妻は、夫にも義理の親にも、自分が大変であることをなかなか切り出せないでいることも。旦那さんは、ちょっとした奥さんからのサインも見逃さないようにして、ぜひ気づいたり相談に乗ったりしてください。

介護も大事ですが、介護する側のケアもしっかり行うようにしましょう。

80歳

「私は騙されない」が一番騙される

オレオレ詐欺はここまで進化した。二度騙される原野商法も要注意

「○○おばあちゃん？　俺だよー」

オレオレ詐欺の新型は、**実際の名前で電話がかかってきます。**

今やオレオレ詐欺は進化していて、流通している名簿から個人情報を入手した上で、電話してくるのです。あの手この手で高齢者の財産を狙ってきます。

かつては一人で電話してきたのが、今は警察官、弁護士など複数の登場人物で電話をかけてきて、**組織的なグループで高齢者を狙い撃ちしてきます。**また、オレオレ詐欺が社会問題として定着したことを逆手に、警察官や銀行職員と名乗り、騙してくるケースも出てきました。誰を信用したらいいか、わからなくなります。

詐欺の多発を受けて、ＡＴＭでの振り込み限度額は10万円に制限されました。その結果、振り込みだけでなく、現金書留や宅配便で送金させる、直接お金を取りに来るなど、現金のやり取りも多様化してきました。

二次被害も増えています。**原野商法**を例に出しましょう。

将来値上がりすると信じ込まされて、資産価値のない山林や原野を購入するところから始まります。結局売れず20年近く放置していたところに、「今、リゾート開発が進んでいる土地の近隣で、値上がりをしています。５００万円で売却が可能です！」と近づいてきます。そして、広告や測量費用が必要と騙されて、約50万円近く悪徳業者に支払うのです。

何度か北海道のニセコの原野（土地）の価値を調べたことがありますが、値段がつきませんでした。騙されて買ってしまった高齢者は、20年以上経ったことによって「もしかしたら」という心理が動いてしまって、２回目も騙されるのでしょう。60代で欲につられて原野を購入し、そして80歳になって判断能力が低下したところで**２度騙される。**

国、役所、銀行が一丸となって詐欺グループを追跡しても、**騙される人が減ることはありません。**高齢者だから騙されるのか、詐欺グループが一枚上手なのか……。

令和元年の被害総額は３１５・８億円で、10年前の被害総額と比べて３倍も伸びています。被害者のうち60歳以上が約88％で、このうち３人に２人が女性です。**一人暮らしをする60歳以上の女性**は、特に注意をしなくてはいけません。

認知症または認知症予備軍であれば、判断能力が低下しているため一般の高齢者よりもはるかに詐欺の被害に遭う確率が高くなります。認知症患者の数は増加しているため、被害総額も比例して増加していると考えられます。

詐欺師が子どもの名前を知らなくても、高齢者を騙せるカラクリ

中でもこれは、私がいたく驚愕《きょうがく》した事例です。

地方で暮らし、入院をしていた81歳のCさんの携帯電話に、見たことのない番号から着信がありました。不信に思いつつ、入院していたことで気が緩んでいたのでしょうか。電話に出たのです。

咳をした声で、「風邪をひいていて声が聞きづらくてごめん。今携帯は、会社の人から借りて電話している。携帯番号が変わったから電話した。登録変更しておいてくれる?」。東京にいる長男だと思い、番号だけ控えて、すぐ切りました。

親子の関係であれば、携帯番号が変わったことを連絡してくるのは不思議ではありません。Cさんは操作が慣れないガラケーに、教えられた携帯番号を長男の名前で登録したのです。

退院して1週間後に着信がありました。着信を知らせる携帯電話には、この長男の名前が出ています。長男以外だとは微塵《みじん》も疑いません。「騙されてお金が必要だから200万円用意してほしい!」。間違いなく長男からのお願いだからと信じて銀行にすぐさま向かい、200万円をおろした時、行員から呼び止められます。でもCさんは、「いや、大丈夫。詐欺ではないから。ご心配してくれてありがとう」と返事しました。

お金を手にして、Cさんはふと思いました。「東京の息子の会社に、電話してみよう」。すると、

本人とつながりました。Cさんは電話に出た長男に言いました。「お金２００万円必要だよな。おまえ携帯の番号変えたよな」。ここで、長男の「知らない」の一言で、騙されたことがようやくわかったそうです。詐欺師が子どもの名前を知らなくても、こんな手口でまんまと引っ掛かりそうになるのです。

詐欺の手口を知っていれば「聞いたことがある詐欺だ！」と、頭の中で警戒のアラームが出て注意できます。あらゆるパターンを知っておきましょう。もちろん、全部の手口を知ることは不可能ですが、**知れば知るほど警戒のレベルを上げることはできます。**

80歳を超えると、脳の萎縮《いしゅく》によって認知症までいかなくても判断能力が低下していきます。さらに目や耳も機能が衰えてくることによって、電話での声が違っていても自分の子どもと判断してしまうことがあるのです。自分の脳と体を過信してはいけません。

一方で子どものほうは、親が「自分は騙されないから大丈夫」と言う人だったら、いっそう警戒しましょう。悪徳業者のほうも、自分自身が生きていくために必死で騙す方法を考え続けますから。

詐欺から守る後見人がついた高齢者は、非常に少ないのが現状

かんぽ生命で、詐欺同然の契約手続きが実行されていたというニュースがありました。この話を

聞いた時は、かなり驚きましたね。一部の証券会社や銀行による猛烈な営業攻勢により、知らない間に金融知識ほぼゼロの高齢の女性に対して、投資信託やらブラジル債券やら契約させて、たった数年で大損失を出しているケースは知っていましたが、郵便局までそんなことをするなんて、と。

金融機関だけではありません。不動産会社が80代の認知症寸前の女性に巧みに近寄り、資産価値のない空き地を契約させていたケースも、相談を受けたことがあります。一人暮らしをしている高齢者の、話し相手がほしいという心理をうまくついています。40代・50代のベテラン営業マンが話し相手として、頻繁に顔を出していると、知らない間に「あの人は友だち！」「あの人はいい人」に変身してしまうのです。

すべての手続きは、判断能力があると契約行為としては有効となってしまいます。**逆に判断能力がない場合は、契約行為は無効。これは、民法でしっかりと定められています。**「民法第3条2法律行為の当事者が意思表示をした時に意思能力を有しなかったときは、その法律行為は、無効とする」。

それと**後見人（詳細はP168〜）がついていれば、「高齢者は判断能力がない」という証拠になります。**後見人であれば「取消権」があるので、被後見人（この場合は、高齢者）が行った契約行為が不利益なものだと判断すれば、取り消すことができるのです。しかし今認知症と診断されても、後見人がすぐにつくわけではありません。そして日本では、後見人がついている高齢者はまだまだ少ないのが現状です。

金融庁も問題を重要視し、高齢者が契約をする場合は、家族の同席、本人確認の厳格化、取引後に第三者による電話確認によって、高齢者の不当な取引を防ごうとしています。

詐欺には、よく使われる手口や言葉がある

詐欺に対抗するには、最新の詐欺情報を仕入れておくことが重要です。一方で、詐欺グループも最新の罠《わな》をしかけてきます。まさにイタチごっこ状態。敵は高齢者が、動揺してしまう「言葉」をもって近づいてきます。「孤独」「生活が苦しい」「儲かる」という心理を巧みについてきます。さらに最近は、高齢者を早朝強盗で襲うケースも出てきました。

では、どうやったら防ぐことができるのか。パターンごとに見ていきたいと思います。

電話

電話がかかってくると、まずは動揺する内容から入り、じわじわと信頼させて騙してきます。時間帯としては、11〜14時あたりに多くなります。

まずは、**家族や友人にも一度相談する**ことです。「もし、知らない番号からかかってきたら長男に一度内容を伝える」などと、ルールを決めておくのもいいでしょう。原始的かもしれませんが、電話口に次の言葉が出てきたら詐欺という紙を貼っておくことも有効です。

●危険な言葉の例……「警察官」「弁護士」「ATM」「ゆうちょ」「直近の時事ネタ（株の暴落、震災、コロナなど）」

自動通話録音機も、ぜひ使いましょう。各自治体が、65歳以上に無料で貸し出しをしています。自動通話録音機に電話がかかってくると、「この電話の内容は、防犯のために録音されています」とメッセージが流れ、通話内容を自動で録音します。貸出窓口は住んでいる役所、消費者センター、警察署、地域包括支援センターです。

自宅訪問

「今だけ無料！　点検するだけ、調べるだけ」は、一番騙されると心得ましょう。無料点検が10万円の契約に早変わりする。10万円の契約をした後は、**再度騙される**。オーバーかもしれませんが、これくらい疑うのがちょうどいいです。

●危険な言葉の例……「床下（湿気が多い、カビ）」「屋根」「水道点検」「布団」「浄水器」「マンションの管理会社から委託されました」

家族信託こそ、オレオレ詐欺には強力な対策になります。判断能力がある段階で、財産をそもそも信頼できる子どもに移転しておけば、騙されても振り込みをすることができません。

悪徳業者や金融機関の営業攻勢が迫ってきても、財産を管理しているのが信頼できる家族であれば、お金を引き出し手続きしてしまうことがありません。

82歳

認知症でまさかの財産凍結

80歳を超えると約3割となる認知症。完治できないとされている

1990年当時の平均寿命は男性で75歳でした。この時代には、認知症とお金の問題は大きくなくクローズアップされていませんでした。認知症になる前に多くが亡くなるからです。そして今は、平均寿命は男性81・41歳、女性は87・45歳。長寿化することで認知症になる人も増えています。

今は、認知症と診断された人が約462万人、MCIといわれる軽度認知症が約400万人、それに約250万人いる隠れ認知症も合わせれば**約1100万人**にのぼります。

認知症は、日本だけの問題ではありません。今や全世界で3秒に一人が認知症を発症しており、合計すれば約1億人にもなりました。まさに文明病、長生きすると起こる確率が高い症状の典型です。

実際に**認知症は、80歳を超えると有病率が24・4％になります。85歳を超えると55・5％で半数を超えます**（P162の図20）。

50歳 51歳 53歳 55歳 56歳 60歳 61歳 62歳 63歳 65歳 66歳 70歳 72歳 75歳 77歳 79歳 80歳 82歳 90歳 100歳

認知症は症状です。病名ではありません。くしゃみや、咳と同じく症状の呼び方です。日常生活に障害が起きている状態が認知症。物忘れが多くなってきた、年を取ったから脳が委縮しているから認知症、とはなりません。認知症と診断されていなくても、日常生活に障害が出るような症状が現れれば、れっきとした認知症です。

例えばこんな症状です。「外出して迷子になり家に戻って来られない」「料理をして、味付けがやたら濃くなる」「鍋やヤカンの火の消し忘れに気づかない」「買い物に行って必要のない食材、食べ物を何度も買ってくる」「一人暮らしなのに、冷蔵庫に卵10個入りのパックが5つもある」。

命にかかわることは稀ですが、日常生活には障害が明らかに出ています。脳が誤作動を起こすため、正しい判断ができなくなっているのです。例えるなら、台所は電気がついているのに、居間は

図20　年齢階級別の認知症有病率

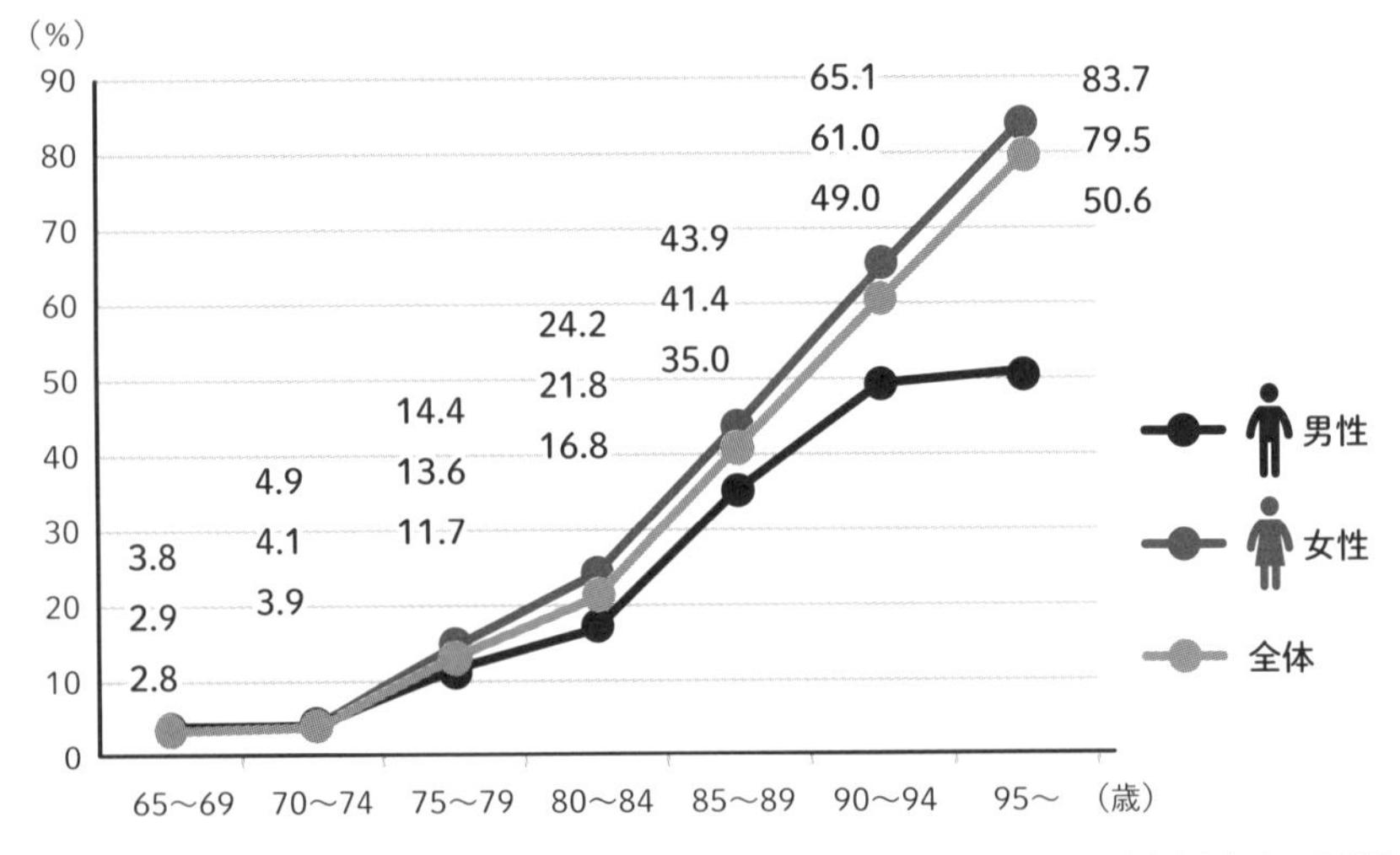

※出典：厚生労働科学研究費補助金　認知症対策総合研究事業「都市部における認知症有病率と認知症の生活機能障害への対応」(平成21～24)総合研究報告書より、認知症・虐待防止対策推進室にて数字を加筆したもの

電気が消えている。洗面台の蛇口から水は出るけど、ガスがつかずお湯にならない。ある部分では、脳が機能し、ある部分は機能が低下もしくは停止した状態が認知症です。

認知症の症状が進行すると、物事を決める時にメリット・デメリットの判断能力がなくなります。ヤカンの火を消し忘れることは、火事になるデメリットがあります。でも判断能力がないので、消すという行動をしません。

着払いで1万円もするカニが自宅にいきなり送られてきても驚かず、明らかに千円もしないようなしょぼいカニだったとしても気にならないため、プチ詐欺にあっても**騙されたことさえわかりません。**自分の利益、不利益にかかわる契約も判断できなくなってしまいます。

認知症は、一旦発症すると病気が進行してしまい、**完治することができない病気**といわれています。細胞の多くは作られ続けますが、脳の細胞は新しく作られません。一旦萎縮や障害ができても元には戻らないため、衰えた脳を再び活性化させるのはとても難しいのです。

日本では、認知症と診断されると処方される薬がありますが、**すべて「進行を遅らせる薬」と明記**されています。「治る」ということは書いてありません。欧米諸国の一部では、認知症の薬は効かないと判断され、保険対象外となりました。全世界の製薬会社が、認知症の薬を開発し続けていますが、一部の製薬会社では開発を断念したくらいです。

認知症ならではの怖さは、一旦発症すると治らないということ。自分が自分でなくなるという恐ろしさもあります。

そんな認知症は我々の生活にどんな影響をおよぼすのか。ここではお金に特化して見ていくことにします。

認知症になると、預金はおろせず家も売れない

物忘れが激しくても、自分自身も家族も年相応だと思い込みがち。それで大した問題じゃないだろうと放っておいて、半年や1年も病院に行かないと、認知症が一気に進行しているケースがあります。外出もせず、運動もせず、栄養があるものは食べない。夜はなかなか眠れない。薬も高血圧、糖尿病、皮膚科などいろいろな病院からもらって飲んでいる。……こんな生活をしていたら、脳の劣化を止めるのは難しくなります。

そして認知症になると、症状ばかりに目がいきますが、相当深刻なお金の問題も発生します。次の【1】～【4】が代表例でしょう。

【1】預貯金がおろせない

認知症になると銀行に到着できても、本人が暗証番号を覚えていなくてATMが使えないことがあります。暗証番号を忘れたり通帳を失くしたりした場合だと、銀行の窓口で再発行の手続きが必要です。本人が窓口に行き、名前、住所、生年月日を確認されることもあります。

しかし窓口の行員と簡単な受け答えができないと、再発行を断られることもあります。代わりに子どもなど親族が通帳と銀行印を持って銀行の窓口に行っても、今は引き出しをさせてくれません。

オレオレ詐欺グループによる被害総額が大きくなり、金融機関での本人確認が厳格化されています。金融機関も、預金してもらっている本人の財産を守る義務があるのです。

判断能力がなくなった場合、子どもの要求に応じてお金の引き出しをしてしまった場合は、後で他の相続人から「なぜ認知症の親のお金を勝手に引き出しさせたのか？」と訴えられるリスクもあります。

証券会社も保険会社も、同じような対応になっています。

【2】不動産が売却できない

介護施設に入ろうとしても銀行に貯金があまりない場合は、資金作りのために空き家となる実家の売却も候補に挙がります。でも残念ながら、最終的に不動産を引き渡す決済の時に問題が起きるのです。

不動産の売却手続きに関しては、不動産業者が間に入り、子どもが親の署名と捺印をとった委任状で対応ができます。

一方で物件の名義を売主から買主に変更する際には必ず、司法書士による本人確認の手続きがあります。80歳を超えている高齢者であれば、司法書士による確認もより厳格になります。万が一判断能力がない状態で引き渡しをさせてしまった場合、訴訟トラブルに発展する可能性があるからです。地面師《じめんし》（土地の所有者になりすまして売却を持ち掛け、多額の代金を騙し取る人）のような悪徳業者もいて、本人確認は昔よりも徹底されています。不動産を購入する時ももちろん、司法書士による本人確認はありません。

【3】贈与、遺言などの相続対策ができない

判断能力がなくなると、いつかやろうと思っていた相続対策が一切できなくなります。

一般的な相続対策としては、遺言があります。日本では実際のところ、遺言を書く文化があまり浸透しておらず、約8％の人しか書いていません。

遺言を書いていないと死亡した後は、法律に定められた相続人で財産を分けることになります。その方法は、「遺産分割協議」といいます。この遺産分割協議に相続人で合意して、実印と印鑑証明書がないと財産を分けることができないのです。協議が合意されないと、銀行は一切手続きに応じてくれません。

協議は、預貯金、不動産、保険など多岐にわたります。財産の目録を作成して、家族間で話し合いをして決めます。一見簡単なように見えますが、家族の関係は幼少の頃と相続時とではだいぶ違います。相続税もかかる、介護をした相続人がいる、分けづらいアパートの不動産があり誰もほしくはない。兄弟間で生活格差があり、相続人の配偶者の横やりも入ります。

すべては「遺言書」がなかったことが原因です。遺言があれば、遺言通りに財産を分けることができます。でも認知症が進むと、この遺言が書けなくなるのです。

また、相続税対策としても有効な、子どもや孫に生前に財産を渡す贈与の手続きもできません。

【4】意外な敵は家族だった

詐欺のパートでも書きましたが、高齢になると悪徳業者による魔の手がいっそう忍び寄ってきます。敵は確実に判断能力のない人を狙います。ただし、判断能力が低下してくると、敵は悪徳業者だけではありません。身内も敵になるのです。

同居している子どもがいる、もしくは近くに住んでいる時によく起こります。親の面倒をみており、判断能力がない親の通帳も管理している場合は注意が必要です。最初は親のためだと思い、親の口座からお金を引き出して親のために100%使っていましたが、次第にエスカレートして、自分のために引き出してどんどん使ってしまうのです。

認知症になると通帳の管理もできなくなり、お金を勝手に引き出されたかの判断が難しくなります。不動産の売買は、本人の意思確認があるので勝手に売却できませんが、銀行に預けてある預金は引き出して使うことが可能です。この親のお金の横領が、相続になった時に争いのきっかけとなるのです。

以上、4つの大きな認知症とお金の問題を書いてきましたが、この問題から小さい問題へとまた派生していきます。ですから、この4つだけでも押さえておくことで、認知症になる前に先手先手を打つようにしてください。

よく使われる法定後見制度だが、突っ込みどころが満載

相続がこじれるのはよくあることですが、父親が亡くなった時に、父親が作成した遺言書がない上に、母親が認知症になっているケースが本当に厄介です。以下の話は、父親と母親が入れ替わった場合でも、十分に起こり得ます。要は配偶者に先立たれて遺された者が、認知症になると面倒だということです。

遺言書がなければ、相続する（財産を受け取る側の）相続人で遺産分割協議をすればいいと、民法で決まっています。しかし**母親が認知症で判断能力がない場合、母親は遺産分割協議に参加できません。**とはいえ、母親の参加なくして、子どもたちで勝手に進めることはできないのです。

そこで、**協議を成立させるために、法定後見制度が利用されることが多くなっています。**

判断能力がある子どもが家庭裁判所に申し立てをして、裁判所が母親の後見人を選任するのが法定後見制度です。後見人とは、財産管理や身上監護などを行う人を指します。

家庭裁判所はほとんどが、後見人として専門職後見人を選びます。専門職後見人とは、弁護士や司法書士など専門職を持つ後見人です。専門職後見人は母親の財産を守るために、母親の相続分が記載された遺産分割協議書に、署名・捺印することになります。

協議が成立したらお役御免で、専門職後見人が解任されればいいのですが、そうもいかないのが

現実。母親の財産管理と身上監護を続けます。**母親の財産が一定以上ある場合は、月々数万円を専門職後見人の報酬として、母親の財産から払うことになります。**あくまで申請制ですが、職業後見人はボランティアではないので請求してきます。

専門職後見人が付いた場合は、毎月の費用がかかり、亡くなるまで続きます。次の費用が相場となります。

- 管理財産額が1000万円以下……毎月1万～2万円
- 管理財産額が1000万円超え～5000万円以下……毎月3万～4万円
- 管理財産額が5000万円超え……毎月5万～6万円

専門職後見人は、家族の意見や意向を基本的には聞いてくれません。介護施設選びは、専門職後見人が決めます。財産状況は相続人（子どもなど）の立場でも、教えてもらえません。財産を孫に小遣いとして渡したり、贈与したりもできません。家を売りたい意向も、聞いてくれません。

であれば、後見人が専門職後見人にならなければいいのでは？と思うかもしれませんが、**仮に家族が立候補して後見人になれたとしても、家庭裁判所の管理下に置かれます。**後見（財産管理と身上監護）している事務について、定期的に報告する義務があるので面倒です。

50歳 51歳 53歳 55歳 56歳 60歳 61歳 62歳 63歳 65歳 66歳 70歳 72歳 75歳 77歳 79歳 80歳 82歳 90歳 100歳

まずは任意後見制度、次に家族信託が最強の戦法

私が認知症とお金の問題をこれまでたくさん見てきて、確信していることがあります。それは、**認知症対策をすれば、相続問題の9割が解決できる**ということです。

今は人生100年時代に突入し、寿命が延びています。つまり、認知症になるリスクが高いのです。認知症になると判断能力がなくなり財産が凍結しますから、認知症対策が重要なのです。

相続の解決策となるものとしては大きく3つあり、これらで成り立つ**「3階建て理論」**というものがあります。**1階が「任意後見制度」、2階が「家族信託」、3階が「遺言」**です。建物を造る時と同じように、1階から順に積み上げていくという流れで、相続問題の解決策を考えていきます。

1階から3階にあるものはいずれも、認知症対

図21　相続の解決策「３階建て理論」

解決策	
遺言	3階
家族信託	2階
任意後見制度	1階

策にもつながっています。

まず最初に考えるべきは、1階の「任意後見制度」です。

任意後見制度とは、自己判断能力がある段階で、自分自身で後見人を選ぶことができる制度です。こうして選ばれた後見人を、任意後見人と呼びます。家庭裁判所が選ばないので、任意後見人には子どもなど家族と契約することができます。

ドイツでは認知症になってしまった約150万人のほとんどが、任意後見制度の手続きを既に済ませています。それに対し日本では残念ながら、この任意後見制度を使っている人が1％もいないのです。

この制度の長所は、後見人を一番信頼できる家族に「予約」できることです。先ほどの法定後見制度の場合は、家庭裁判所に勝手に決められてしまいますが、こちらの制度では、事前に公証役場で契約します。判断能力があるうちに信頼できる家族に、自分が認知症になってしまった後の生活をどうしてほしいか、契約の中に明記してお願いすることができるのです。

最後まで認知症にならなかったとしても、利用しなかったとなるだけです。**初期の手続き費用は10万〜30万円**と、それほど高くはありません。

任意後見制度の開始を家庭裁判所に申し立てると、任意後見監督人という専門職が監視役としてつきます。家庭裁判所の間に入る任意後見監督人には、毎月報酬が1万〜2万円発生します。このように定期的なコストがかかり、家庭裁判所の管理下になるのが面倒かもしれません。

財産管理はもちろん、身上監護といわれる医療・介護や介護申請などの手続きも任意後見人という立場でできます。**子どもがいない夫婦、おひとりさまは、特に身上監護が大事になってくるので任意後見契約は頭に入れておきましょう。**なお、任意後見人は家族だけでなく、司法書士や弁護士と契約することも可能です。

任意後見制度で足りない部分があれば、2階部分の「家族信託」を検討します。

万が一の認知症対策であれば、任意後見でも十分な場合も多いです。ただ、複数の不動産、共有名義の不動産、多額の現金、証券を持っている場合は、家族信託のほうが家庭裁判所の管理下ではないので自由度が高く管理しやすい特徴があります。また、財産を渡す順番も家族信託であれば、父から母、母から子どもへなど自由に決めることができます。

任意後見は、亡くなるまでの財産管理までしかできません。生前そして亡くなった後の財産管理、承継先を設計したい場合は、家族信託という2階部分も含めて検討していきます。

家族信託はまさに、相続対策のイノベーション。欧米ではごく一般的に利用されている方法です。

仕組みは複雑ではありません。正月のお年玉をイメージするとわかりやすいでしょう。

子どもがお年玉をもらえば、おもちゃやお菓子をたくさん買うなどで無駄遣いしたり、外で悪いお兄ちゃんにカツアゲされたりなど、リスクがつきまといます。

そこで、信頼しているお母さんにお年玉を預けることができれば管理してもらえるため、無駄な消費の心配はなくなり、本当に必要になった時に使えます。

つまり**家族信託とは、家族など信頼できる関係の上で財産を預けて、管理してもらう仕組み**です。財産を持っている親が、信頼できる子どもに財産を託して管理してもらうのです。一番効果が発揮されるのは、認知症になった後。自宅などの不動産や、所有している現金の一部が既に子どもに託されているので、認知症になっても、子どもが財産を守ったり有効に使えたりするのです。

家族信託の目的の大半は、生前の認知症対策です。家族信託の契約内容では、亡くなった時に信託された財産の承継先を決めることができます。自宅は配偶者に、残った現金は長女と長男に均等に承継させるなど、遺言機能を付けることもできます。

私がかかわったケースでは、財産の承継先を100％決めています。つまり家族信託をすることによって、腰が重くて親がなかなか進めてくれない遺言となるものも結果的にできてしまいます。

認知症対策をしたら最後に、3階部分の遺言も決めていきます。大枠の財産を信託していれば、承継先が決まっています。一方で、信託をしていない財産もしくは信託できない年金の口座や、畑や田んぼなどの承継については遺言で指定すれば、所有している100％の財産の承継先を決めることができるのです。

図22 「任意後見制度」「家族信託」「遺言」の仕組み

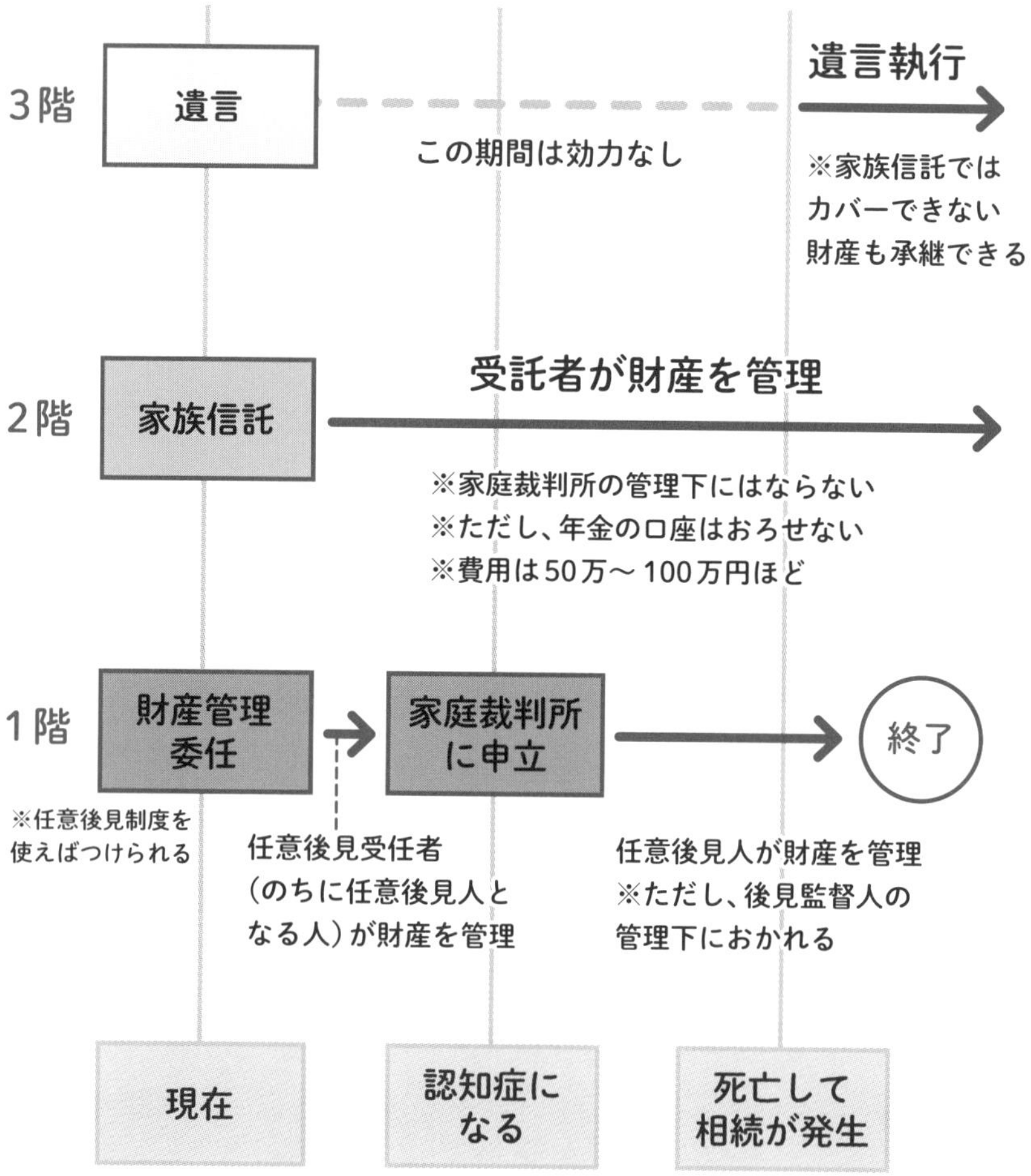

「銀行で遺言の手続きをしたから認知症になっても大丈夫」と勘違いしている人に、よく出会います。**遺言は、亡くなってから効力を発揮します。100歳まで生きた場合は、100歳までは無力だということを理解してください。遺言だけでは、財産凍結は防げません。**これからの時代は、真っ先に遺言の検討ではないのです。

この画期的な家族信託については、第2部のP192でも触れます。

拙著『親が認知症になる前に知っておきたいお金の話』（ダイヤモンド社）にも家族信託について書きましたので、よろしければご覧になってください。

90
歳

入院して そのまま寝たきりに

死ぬまで苦痛に耐え続ける延命措置は、途中でやめられない

既に回復の見込みがなく、命の灯《ともしび》が消え去ろうとしている時でも、現代の医療を使えば、多くの場合で延命できます。呼吸困難になっても、人工呼吸器をつけて体内に酸素を送り込めます。食事が満足にできなくなれば、胃に穴を空けて直接胃に食べ物を流し込む「胃ろう」という方法で、栄養を摂ることができます。

しかし、ひと度これらのような延命措置を使い始めたら、外すのは容易ではありません。こうした姿になってまで生きたいとは思わなかったとしても、こうなったら**意思を表示することは困難ですから、延命治療は続けられます。**

もちろん「あらゆる手段を使ってでも生き延びたい」と思うのは自由です。

とはいっても、チューブなど医療機器につながれて病気の痛みに耐え続けるのに、回復の見込みがないのなら安らかにその時を迎えたい、と思う人も多数います。**「平穏死」「自然死」を望む人が、自分の希望を元気なうちに記しておく手法、それがリビング・ウイル（LW）**です。

現在、90歳以上の人口は230万人以上になります。平均寿命も年々延びていき、今や**女性の2人に1人は90歳まで長生きします。**女性にとっては、90歳という年齢は当たり前の時代がきているのです。

90歳の時点で病院のお世話になっていない人は皆無で、何らかの持病があり、**認知症の割合も半分以上。**

さらには**90歳になると、寝たきりリスクが高まります。**寝たきりのスタートは、病気による入院です。最悪のケースですと「スパゲッティ症候群」と呼ばれる状態になります。病気によってスパゲッティのようなホースで、体中がつながれる状態のことを指すようです。寝たきりになって点滴や呼吸を補助するチューブ、尿を取るバルーンなどが体とつながるのです。

こんな辛い寝たきり生活ですが、医師から「延命治療はされますか？」と聞かれた場合、実際は断ることができるものなのでしょうか。本人の気持ちもさることながら、配偶者や子どもたちにとっては、たとえ胃ろうや人工呼吸器をつけたとしても生き続けてほしいと思うのではないでしょうか。

しかも、**医師が延命措置をやめることをスンナリと受け入れないことがほとんど**だと思います。医師としては訴訟が怖いので、付き添いの子どもの発言だけでは、そう簡単に延命措置を止められません。また、家族に延命措置を断る決断をさせることは、大変な心の傷を家族に残すことになりかねません。

判断能力があるうちに、あなた自身の最期をどのように迎えたいのか想定して、しっかり準備しておくことが大切です。

延命中止の効力を発揮する2つの対策

ただ、あなたが元気な時から延命措置はしない、胃ろうはしたくないという意思表示があれば、そんなことはありません。

スウェーデンやデンマークといった北欧諸国も長寿の国ですが、個人を尊重して胃ろうや延命措置はしない文化が浸透しています。寝たきりにならないことを目指す北欧では、自分で口から食べられなくなった時には、無理に胃ろうはせず、そのまま看取ることが一般的です。それが人として自然な死の迎え方だと考えているからです。

一方で、**はっきりとした意思表示がない限り、延命措置を続ける日本。**私の叔母も晩年は、重度の認知症で寝たきり状態が続きました。余命いくばくもないと言われてからも、数年間生きていました。その間、家族は定期的に様子を見に来ますし、お金もかかります。

終末期に大事なことは、意思能力があるうちに、本人が延命治療や看取り方の意思をはっきりと表しておくことです。延命治療を受けるのか、胃ろう、人工心臓、透析をどうしたいのか。最後に誰に会いたいのか。どんなことがしたいのか……。

そこで、終末期の意思表示の方法として、効力が認定されているものを2つ紹介しましょう。

【1】尊厳死宣言公正証書

「医療従事者及び近親者に対し、現代の延命治療技術がもたらした過剰かつ無益な延命措置を断り、自然な死を迎えたいとの希望を表明する宣言」です。

これは意思能力があるうちに、公証役場で手続きをします。生前に意思を公正証書でかたちにしておき、いざ延命治療の選択を迫られた時に医師に見せることによって、延命措置をストップすることができるのです。法的効力を有しているわけではありませんが、実際に医療現場の約90％で、医師が延命を中止しています。

【2】日本尊厳死協会による会員証

会費を払って会員登録することで、終末期の延命治療についてのスタンスが記載された会員証が送られてきます。この会員証を医師や家族に見せることで、自分の意思を周知することが可能です。

100歳

長寿の秘訣は生活習慣が9割

最近50年間で日本では、100歳以上が500倍以上増えた

100歳になるのは偶然で、遺伝で長寿になっただけなのでしょうか。現時点での日本の中学生（13歳）は、二人に一人は107歳まで生きるというデータまで出てきます。

以前までは、長寿になる原因として生活習慣の占める割合は、65〜75%と考えられていました。しかし最新の研究では、**生活習慣の割合は90%以上**に増えました。ということは、生活習慣によって100歳まで生きられる可能性は高いのです。

今日本で、100歳を超えている人は約8万人いて、女性が88%を占めています。1963年にはたった153人しかいませんでしたから、**この50年強で500倍以上に増えた**のです。100歳以上の人はセンテナリアンと呼ばれ、世界で約45万人います。日本はセンテナリアンが多い国で、アメリカに次いで世界2位です。

110歳以上はスーパーセンテナリアンと呼ばれ、日本でも2015年の時点で146人いました。

ギネス世界記録に認定された世界最高齢は、日本人で118歳。福岡市の田中力子《かね》さんです（2021年1月2日の時点で）。

私の100歳のイメージといえば、かつてお茶の間をにぎわせた愛らしい双子のきんさんぎんさんです。

聖路加国際病院の名誉院長の日野原重明先生も有名ですよね。105歳まで医師として活躍されました。

日野原先生のトレーナーの吉原剛さんによると、日野原先生の特徴は、全身を使って歩くので関節に負担がかかっていないこと。決まった筋肉ばかり使うと関節への負荷がかかり、痛みも出てきます。

面白いのが、血圧計を持参して一日4回計測していたこと。サッカー観戦が大好きで、大事な試合のゴールが入った時には170㎜Hgまで血圧が上がったそうです。常に自分のコンディションを知るということが大事なのだと。

認知症検査に「長谷川式スケール」という検査がありますが、点数が高いほど認知症の疑いは少なくなります。日野原先生は99歳の時に受けたのですが、30点満点中29点だったそうです。

これからは100歳まで生きるのが珍しくない時代です。ただし、元気な100歳と、入院中でもはや意識がない状態での100歳とでは、意味合いが大きく変わります。

健康長寿のエリアの住人が心がけている9つの習慣

「ブルーゾーン」という言葉を聞いたことはありますか？　ブルーゾーンとは、健康長寿の住民が多いエリアを指します。ベルギーの人口学者ミシェル・プーランとイタリア人医師ジャンニ・ペスが、長寿の人が多いイタリアのバルバギア地方に青色マーカーで印をつけたことに由来しています。その他はイカリア島（ギリシャ）、ニコヤ半島（コスタリカ）、ロマリンダ（アメリカ）、そして日本の沖縄です。

これら長寿地域を調査すると、9つの共通点があることが、アメリカの研究者であるダン・ベットナー率いる専門家チームの調査で突き止められました。次の9つだそうです。

1　日常生活で規則正しく、よく体を動かしている（座る時間が多い生活様式とは無縁である）
2　生きがいがあり、毎朝起きるための目的がある
3　ストレスが少ない生活習慣となっている（祈りの時間、ティータイムなどが組み込まれている）
4　腹八分目
5　野菜中心の食事
6　適量の酒を楽しむ（地中海であればワイン、沖縄であれば泡盛）

7 **健康的な習慣を促進するような社会的なグループに参加する**
8 **宗教グループの活動に参加して、お互い助け合う環境で過ごす**
9 **家族間の絆が深い**

でも実は**沖縄、今はブルーゾーンとは呼べなくなったかもしれません。**一定人口あたりの100歳以上の割合は、1970年代は全都道府県の中で1位でした。しかし今は、島根県が1位、高知県が2位と抜かれて、沖縄は19位まで下がりました。

1970年までは、長寿になる文化があったのです。食事は腹八分目、朝昼晩ともに低糖質で低脂肪の健康的な食事をとっていました。白米ではなくイモ類がメインの食事で、必然的に低カロリーになったのです。周りは海に囲まれ、魚をバランスよく食べていました。そして何より、沖縄は家族の絆が強いという特徴があります。お互いを助け合う「ゆいまーる」という文化も、大きく関係していたのでしょう。

しかし**米国型文化が一気に入り込んだことで、食事がガラッと変わった**のです。ファストフード、乳製品など高脂肪・高糖質の食環境へと。

世界のブルーゾーン、そして長寿王国から転落していった沖縄から学ぶことは多いでしょう。毎日の生活習慣が「自分の健康」そして、「寿命」を決めていくことがわかります。

第1部 老後の年表

第2部 老後の生活が豊かになる3つの視点

自分はどうなると一番幸せか？　すべては、この「問い」から始まる

50歳から100歳までの老後の年表を読んできて、少し暗い気持ちになった人もいるかもしれません。

でも安心してください。**老後の年表に出てきた問題をあなたは今知ることができたので、これからいくらでも人生を好転させることができます。**

ただし、問題点や解決方法を知っただけでは成果が出ません。**自分に合った解決方法を選ぶこと、そして行動量を増やしていくことで、ようやくトラブルから遠ざかることができます。**

また、本文に出てきた解決方法は、すべての人に当てはまるわけではありません。問題点を解決するための選択肢の一つであり、最終的には自分自身に見合った方法にアレンジすることが必要です。とはいえ、多くの人に使える方法を提示しました。これまで私がご一緒してきたお客様との経験も振り返れば、きっとお役に立てるのではと自負しています。

実は、具体的な解決策を発動させるよりも前に、ぜひしていただきたいことがあります。それは、**自分自身の価値観を決める**こと。ここでいう価値観とは、「人生の中で一番優先順位の高いこと」「自分らしさを最も象徴すること」です。

それは「家族」だったり、「成長」だったり、「貢献」だったり、人によってそれぞれ。正解はありません。この価値観、自分軸をしっかりと自分自身で把握しているかしていないかで、今後の人

生であらゆる選択を迫られた時に決断しやすくなります。

逆にいえば、自分の価値観がないと多くの情報に振り回されて、軸がブレてしまいます。特にこれから迎える老後は、考える力も動く力も衰えていきます。元気なうちに自分の軸、何を大事にしたいのか、どこが目的地なのかを明確にしておくことが重要になります。

他人の価値観に基づいた人生は、あなたにとって全く意味がありません。**自分ファーストで**いきましょう！

人生は自動的に「健康になる」「資産が増える」「幸福になる」ようには設計されてはいません。大切とする価値観を決めて、それに沿った考え方、行動をすることで、自分自身に最適化された人生を送れるようになるのです。ですので、他人の成功ばかり真似して実現できたところで、自分が心底思っている幸せの軸とかけ離れていたら、いつまで経っても満たされることはありません。

この第2部では、あなたがこれからの生活をより豊かなものにするための価値観を見つける方法をお伝えします。私自身も実際に大切にしている**「収入」「家族」「幸福度」の3つの視点を持つことで、自分に合った価値観が見つかり、人生を好転させる思考法や行動につながる**はずです。

実は私も、将来に対してのぼんやりとした不安を持っていた時期がありましたが、ここで紹介する思考法や行動を少しずつ実践することで、視界がぱっと開けました。

それでは、「収入」「家族」「幸福度」の3つの視点から好転させる方法を模索しましょう。

ただ、具体例がないとイメージできないと思いますから、私の考え方や行動を例として出してみます。

とはいえ、ここまででもお伝えした通り、「私の真似をしましょう」ということではありません。あくまでこれは、私自身の考えなりやり方です。共感できるところは参考にし、共感できないところは真似せず異論を唱えることで自分なりの価値観を深めてもらえれば嬉しいです。

そのように考えをめぐらしながら読み進めてもらえれば、あなたが最も大切にしたい「収入」「家族」「幸福度」の在り方が見えてくるはずです。

「労働収入」「年金収入」「不労収入」の3収益を確保する

大切にしたい3つの視点、1つ目は「収入」です。

年金をどれくらいもらえるのかは、現役時代の努力の結果で決まります。そう考えれば、**働ける時に働き続けたほうが、お得**だと思いませんか？　しかも仕事は、「労働収入」はもちろん、それに加え、生きがいまでもらえる貴重な行為です。ですから、仕事は60歳で辞めるものだと決めつけるのはもったいないと思います。

ただし、ストレスを多く抱える仕事であれば、他の仕事を探すべく転職や、リタイアを決断してもいいでしょう。あまり仕事内容に強いこだわりがなければ、続けることを優先するために、気楽に働ける職場やスタイルを目指すのがお勧めです。

「年金収入」はというと、受給開始時期を先延ばししたほうがお得になることは、第1部でお話ししました。1年先延ばししただけで、受給額は約8％も増えます。これが70歳まで遅らせると、受給額は実に42％もアップ。しかも、亡くなるまで永遠に続きます。使わない手はありません。

受給の先延ばしは、今お伝えしたばかりの「労働収入」が順調にもらえる生活をなるべく続けることで実現できます。

さらに、私的年金ともいえるもう一つの収入の柱、**「不労収入」作りもお勧め**します。50代までの現役ビジネスパーソンであれば、十分に間に合います。

特に、私自身も実践している不動産を人に貸して家賃収入を得る不動産賃貸業は、忙しい人でも始めやすい方法です。

ただし、**将来に備えてどれだけの家賃収入を目指すかは、老後の生活スタイルにあわせて考えてください。**家賃収入は多いに越したことはありませんが、普段使いのお金がカツカツになりすぎると、今が楽しくなく心に余裕がなさすぎる生活になってしまって本末転倒ですから。今の自分に無理のない範囲で行うべきでしょう。

十分に年金がもらえる見込みがあれば、毎月5万円の家賃収入でも満足できるはず。たった5万円で？と思うかもしれませんが、現役時代の5万円と老後の5万円とでは、重みが全く違います。

働いていれば毎月給与という形で安定収入を得られたのでしょうが、老後に働けなくなった場合の安定収入が年金しかなければ、5万円がどれだけありがたいか……。

もし、時給1000円で5万円の収入を得ようとするなら、50時間働く必要があります。週に3日、4時間働いてようやく手が届くかという金額です。これが10万円であれば、1日8時間労働のフルタイムで、週3日勤務です。

しかも年金は、一定額以上の勤労収入があると減額されてしまいますが、家賃収入は勤労収入ではなく不労収入になるので、株式の売買益や配当などと同じように、いくら収入があったとしても**年金が減額されることもありません。**

不動産投資にお勧めなのは「東京×中古×ワンルーム」

私も不動産賃貸業を始めて7年経ちます。投資をしているのは東京の中古ワンルームマンション。不動産賃貸業というとアパート経営を想像される人もいますが、一般のビジネスマンにはお勧めできません。

アパートに限らず収益不動産を購入する際はほとんどの人が、ローンを利用することになります。アパート経営の場合、投資額が大きいがゆえに、借入額がかなりの額にのぼります。数年前に話題になったシェアハウス投資「かぼちゃの馬車」も、一般の人たちが1億円近いローンを次々と利用したので、大変なことになってしまいました。

でも、同じ収益不動産とはいえ、コンパクトなワンルームマンション、そし若者が多く集まる東京都心部であれば、物件価格も手ごろで、安定した収益を生むことができます。

ただ注意したいのは、新築ではなく中古を選ぶということ。新築の場合、ワンルームとはいえ、東京23区内の立地だと3000万円以上はザラです。これが築10年内の中古ワンルームであれば、新築と比べて600万円以上は安くなります。

私も東京の中古ワンルームに投資をしていますが、空室が出たとしても、1か月もせずに次の入居者が決まり、安定して家賃収入を得ることができています。

いわゆる大家業としての仕事も管理会社に任せているので、**投資に費やす時間は7年間で、延べ一日分もない**かもしれません。

ちなみにこの収入は、まずは二人の子どもの教育費に充てる予定です。ローンが完済されれば、満額の家賃収入が入ってきます。その後は、定年後の住宅ローンの返済にまわし、最後は年金との最強コンビで老後収入を安定化させていく戦略です。地味で派手さのない投資法かもしれませんが、安定感があるので私には合っています。

家族との付き合い方は優先順位が案外大事

大切にしたい3つの視点、2つ目の「家族」について考えてみましょう。

今、現役であれば、**まずは自分自身の心身を安定させてから**、家族とのつながりを深めるという手順がいいと思います。自分が心身ともに安定していなければ、他人とうまく付き合うという余裕や冷静さも生まれませんから。

自分が満たされたら次は、結婚している人であれば、子どもよりも、**配偶者を優先して考える「夫婦ファースト」がいい**でしょう。老後は、夫婦での時間がほぼ9割となる人が圧倒的に多いからです。

その次に目を向けたいのが、高齢になった親とのつながり。この数十年間は、ほとんど自分の家族優先で、まともに親と会話していない人も多いかと思います。かくいう私もその一人でした。**親とのつながりを再び作りつつも、親の認知症対策など実益を兼ねた行為こそ、82歳のパートで紹介した「家族信託」**です。家族信託は、相続がスムーズになるだけでなく、親が生前も自分のためにお金が使われるのをサポートする制度。従来の遺言とは、全くの別物です。

家族信託を検討する時は、必ず家族会議が行われることになります。まずは、「高齢の親に家族信託を理解してもらう→話し合う→決める」というステップが必要になります。そこで、親との絆が深まるのです。

今までお金のことや相続のことは話し合いをしたくても話しづらく、関係が悪くなることを恐れて先送りにしてきた人は多いでしょう。家族信託を通じて、この大事な話も自然にできるのです。

このように家族信託は、かなり画期的な制度です。ただし、結果的に家族信託という手続きをしなくても、**家族会議という時間を設けることに価値があります。**私はこれまで250組以上の家族会議に参加してきましたが、このことは多くの現場を見てきて確信しています。

最近強く思うことがあります。友人の医師からの言葉で触発されました。それは、**最後は積極的に親の介護にかかわりたい**ということ。今まで育ててもらったことを恩返しできる、最後であり最大でもあるチャンスだからです。

介護という強制的で緊急の理由がなければ、親と濃密に向き合う時間はなかなか生まれません。親へ感謝するのは、亡くなってからではもう遅い。生きている間に感謝を伝えることが大事です。もちろん、親が介護の状態にならなくて済むのならそれに越したことはありませんが、万が一、親が要介護になったら、積極的に介護に参加したいと思っています。

孫が生まれた時も、家族との絆を深める大チャンス！ 孫と過ごす時間は、たいていは最低でも10年は続くでしょう。孫の成長を見守るだけでも、絆は自然と深まります。

そして、以上の家族の絆を深める行為には何よりも、自分自身の健康を安定させることが第一優先です。

収入アップと仕事の成功で、本当に幸せになれました？

最後に、大切にしたい3つの視点、3つ目の「幸福度」はどうでしょうか。

50歳以上という人生の後半戦と、50歳未満の前半戦では戦い方が変わります。老後は資産を増やすことや出世、成功の数の重要度は減ってくるでしょう。100万円の資産が増えるより、幸福であると実感できる一日をどれだけ増やせるかが大切です。

人生の前半は、収入をアップさせる、子どもの受験を成功させる、などなど……、職場なり社会なりの環境を受けて翻弄された人も多いと思います。私も振り返ると、家族や自分の健康より収入を上げる、仕事を成功させることに集中してきました。もちろん収入は、生きていくために必要です。

しかし、**バランスが大事**だということに気づきませんでした。**収入が増えれば、家族も自分自身も幸福度は必ず上がると勘違いしていた**のです。人生後半に差し掛かった今では、そうではないと断言できます。

ここで、幸福度を語る上で大事になるホルモンの話をします。**幸福度をつかさどるホルモンは3つあります。セロトニン、オキシトシン、そしてドーパミン**です。

まずは、セロトニンから。**セロトニンが分泌されると気分の浮き沈みが減って、ストレスやイライラが軽減されます。**

このセロトニンが分泌されないと、「何かとイライラする」「朝起きても気分がさえない」「いつも不安を感じる」「何もしたくない」と、「第1部　老後の年表」で散々出てきたうつ病をはじめとした症状を抱えるリスクが高まります。

この幸福感を自分自身で感じることができなければ、他人にも優しくすることさえできません。老後は、家族で支え合うことが軸になります。精神的にも肉体的にも一つの軸が崩れると、一気に家族が崩壊する危険性があるのです。

まずは**自分自身の心身を安定させるための行動が必要**です。具体的には、朝散歩をする、日光を浴びる、毎日ゆっくりと咀嚼《そしゃく》して朝ごはんを味わう、ヨガや瞑想をするという、簡単なことで構いません。仕事にかなり追われていても、腹式呼吸するだけでセロトニンは分泌することができます。わざわざ旅行までしなくても、緑がある公園の中にいるだけでも十分です。

一日中セロトニンがしっかりと分泌するベースができれば、夜の睡眠の質がよくなります。睡眠不足ゼロは意図的に作れるのです。毎日外に出て公園を散歩しながら、10分間ほど日光を浴びるという習慣だけでも効果はあります。

登山やハイキングをして、山の頂上で食べるおにぎりは格別です。科学的には、「運動」「自然の中にいる」「太陽を浴びる」というセロトニンが分泌しやすい環境におかれているので、おにぎりでも極上の食事に感じるのです。

老後は「心身ともに健康な自分」を毎日作る意識が重要。しかもそれは、簡単にできることばかりです。

自分のペースに合わせて生きるのが、幸福ホルモンを上手に出す秘訣

次は、**愛情ホルモンのオキシトシン。不安や恐怖を和らげるだけでなく、社交性を高める効果がありま す。**

オキシトシンを分泌させるためには、意図的に他人とつながることが必要です。日本人は特にハグや挨拶のキスをする習慣もないので、このオキシトシンが出にくい文化があるかもしれません。そこで夫婦の場合は、凝りやすくなってきた肩や腰をもむくらいのことから始めれば、自然にできると思います。何も、若い頃のようにイチャイチャしなくてもいいのです（したければ存分にどうぞ、ですが！）。

老後は仕事中心の生活から、家族中心の生活にどうしても変わります。家族で過ごす時間に幸せを感じることができなければ、いくら資産があっても幸福を実感することができません。

オキシトシンは、**スキンシップ以外でも分泌することができます。**お互いを認め合い、話をじっくりと聞くことでも可能です。孫の話をする、ペットを飼うということでもいいのです。家族もペットも近くにいなければ、ボランティアに参加するのはどうでしょうか。

逆に家族が近くにいても、お互いを無視してしまうとオキシトシンは出ません。ずっと孤立しては何もいいことは起きません。それとよく誤解されますが、SNSの仕組みを利用してたくさんの人と表面上でつながっても意味はありません。フォロワー数を気にするなどで、かえってストレス

を生みます。**5人いや3人でも深いつながりがあれば、オキシトシンは分泌される**のです。

最後は、現役時代にバンバン分泌していた**ドーパミン。生きる活力を生み出してくれるもので、「やる気ホルモン」**とも呼ばれます。

強力なパワーを持ちますが、老後は落ち着いてしまいます。このドーパミンも、老後は活用するべきです。100歳まで元気に生きた人は、結果的にドーパミンの力を利用しています。

現役時代とは違い、老後のドーパミンの使い道は、出世や資産を増やすことではありません。**ドーパミンでやる気を出してプチ成功でもいいので常に積むことで、幸せを感じ続けることが目的となります。**

80代でも元気にテニスやゴルフで、やる気ホルモンをどんどん出している人もいます。老後は力が落ちていますから200ヤードも飛ばすことは無理でも、着実に好スコアを積み上げることで達成感は十分に味わえます。力任せではない軽い運動はお勧めです。散歩だって、思ったよりも歩けたり、お店や道端で咲く花でも意外な発見があったりしただけで、達成感は味わえます。

家で趣味に没頭することでも、ドーパミンはいくらでも出せます。書道、楽器の演奏、絵や彫刻を作るといった創作活動、何でもいいのです。学びや成長を実感できるサイクルを作るのがポイントです。ピカソもドーパミンが衰えることを知らなかったようで、91歳で亡くなるまで先鋭的な作品を作り続けました。

老後は優先順位を〝逆転〟させるとうまくいく！

以上から幸福度を高めるためには、３つのホルモンがカギを握ることがおわかりいただけたかと思います。まとめますと、

- **ストレスやイライラを解消するホルモン「セロトニン」の分泌には「心身の健康」が、**
- **不安や恐怖を和らげるホルモン「オキシトシン」の分泌には「愛情・つながり」が、**
- **やる気や生きる活力を生み出すホルモン「ドーパミン」の分泌促進には「成功・達成」が、**

それぞれ必要となります。

ここまで私がお伝えしてきたことをおさらいすると、老後の人生は、まずは自分の幸せから、次に他者とのかかわり、最後に趣味でもスポーツでも何でもいいので目標達成という優先順位で生きることが、無理なく幸せになれるとなります。

そうなると、**まずは「セロトニン」を分泌させる「心身の健康」、次に「オキシトシン」を分泌させる「愛情・つながり」、最後に「ドーパミン」を分泌させる「成功・達成」という生き方が理想**となります。

一方で現役時代は多くの人が、出世や収入アップやいい会社に入るといった「成功・達成」にやっきになり、次にその「成功・達成」も武器なりエサなりにして、人脈や友だちが多いことに夢

中になる「愛情・つながり」を求め、最後に「心身の健康」にやっと目を向けるとなる人生を送ってきたのではないでしょうか。景気の悪い社会で収入を得て暮らすためにはどうしてもそうせざるを得ないところもありますし、一概に否定はできません。

でもこんな人生で、本当に幸せだったでしょうか？　全く幸せがなかったとはならないでしょうが、ストレスに悩まされ続け疲弊《ひへい》したはずです。体力も気力も落ちてくる老後まで、こんな調子で生き続けるのは無理がありそうです。私だってそうでしたから、偉そうなことは言えませんし、自戒を込めて言っています。

ですから**老後は、この優先順位を逆転させる必要がある**のです。図23は、その様子を示しています。

本書の第1部「老後の年表」と、第2部「老後

図23　人生の優先順位のパターン

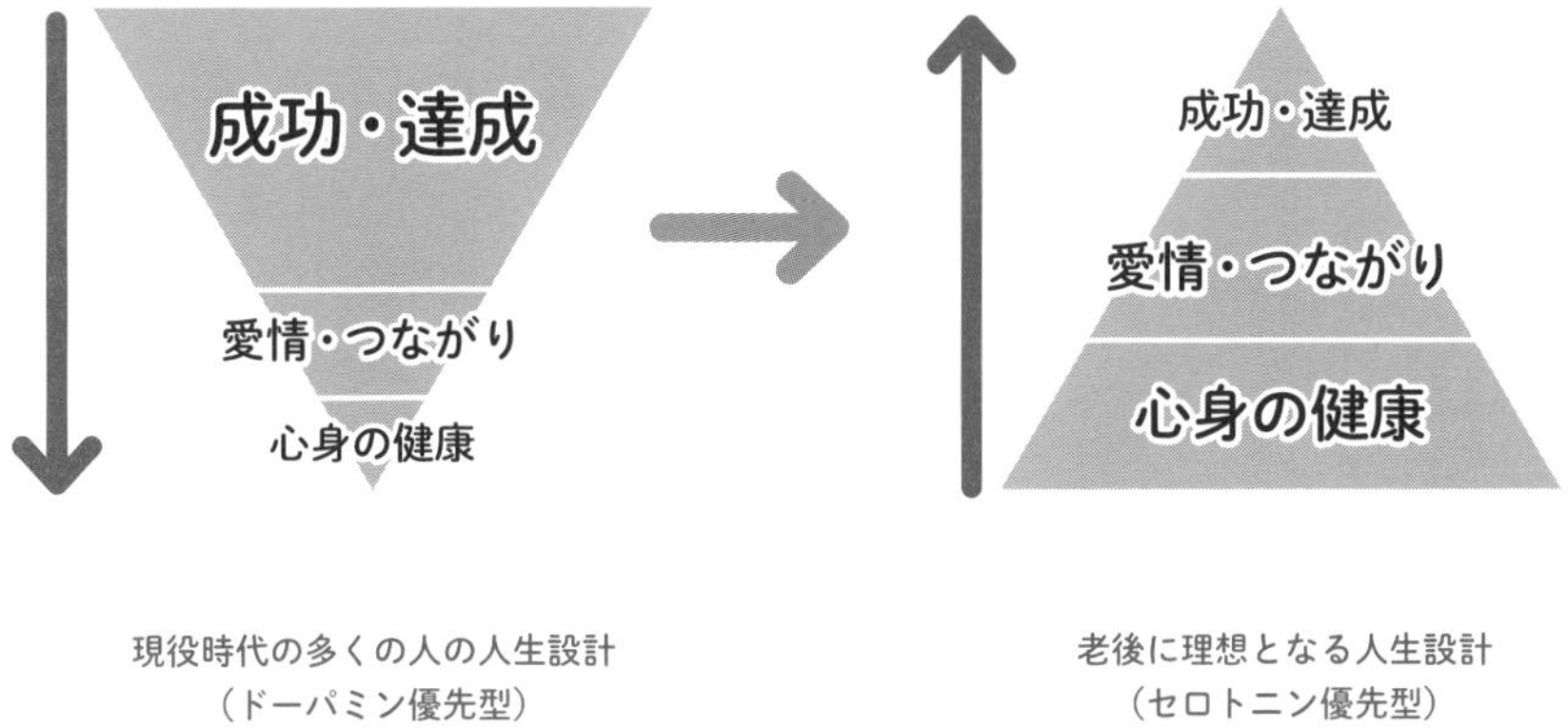

※出典：『精神科医が教える ストレスフリー超大全――人生のあらゆる「悩み・不安・疲れ」をなくすためのリスト』（樺沢紫苑／ダイヤモンド社）

の生活が豊かになる3つの視点」を知ることで、老後の人生は好転します。全部の不幸から逃れるのは不可能ですが一つでも多く避けて、自分の価値観に合った幸せを手に入れられれば、「こんなに心配しなくてよかったんだ」「老後も楽しいことがいっぱいある！」と思えて、実現もするはずです。私はそう信じています。

本書の出典は、こちらでご確認いただけます。
https://kanki-pub.co.jp/pages/rougonenpyo/

おわりに

最後まで、読んでいただきありがとうございます。ここで少し、生まれてから50歳までの「人生前半戦」の話をさせてください。人生前半戦も、いいことばかりではありません。

思い返せば、遡ること小学校4年の時の出来事です。私はオランダから、帰国子女として日本に戻ってきました。そんな私を待ち構えていたのは、イジメでした。学校でクラスの人気者が、「あいつは外人だー」（でも私は、生粋の日本人）と言えばクラスが従い、イジメが始まるのです。

30代の頃は、移住した空気が美味しいはずの北海道のニセコで咳がとまらず、半年間どの病院に行っても原因がわからずさまよいました。原因は、喘息。喘息は一生付き合う病気といわれています。

とはいえ、今となっては、「イジメ」も「喘息」という病気も、これからの人生に役立つ体験だと確信しています。病気になってもイジメ体験があっても、いくらでも人生は好転させることができるとわかったからです。

人生後半戦でも、いくら予防策を張っていても、トラブルに巻き込まれることはあるでしょう。ただ、人生前半戦で味わってきた苦難の経験が、人生後半戦を戦っていく際に役立つのです。つまり、すべての苦しい体験は、自分の糧にすることができるということです。

ですから本書に出てくる問題を先回りして、明日いや「今日」から小さいことでも積み重ねれば、いい老後につながります。自分の人生は、いつでも自分で好転できるのです。

問題の先送りという安易な選択を取ってはいけません。できることはたくさんあります。これは、自戒を込めて言っています。問題から逃げずに向き合いその経験を活かすことで、人生をいくらでも好転させてください。

それともう一つお伝えしたいのが、平凡な毎日こそ最高の人生であるということ。大喜びするような出来事が何も起きない日々はつまらないかもしれません。でも、大きな問題が起きない日が続くことほど、幸せなことはありません。

老後は人生前半戦よりも、楽しいことが少ないかもしれませんが、毎日当たり前に起きているようなことが、ある日バッタリとなくなってしまったら、どうでしょう？　想像するだけでも、恐ろしいですよね。スーパーにおやつやお酒を買いに行く、散歩する、気心の知れた友だちと些細な話で盛り上がる、これらが全部なくなってしまったら……。

「老後＝マイナス」なイメージがある日本。一方、日本と同じように高齢化社会を迎えても、幸福度が高いスウェーデンやオランダという国も存在します。何が違うのか？　それは恐らく、当たり前のような毎日をどこまでかけがえのないものかと、しっかり意識しているか否かという差なのでしょう。

平凡な日々、それは、人生前半戦でも後半戦となる老後でも、貴重であるのに変わりはありません。

私の昨年秋の平凡な一日をご紹介します。その日は、小4の長男が出るサッカーの地区大会がありました。息子が小1の時から始めたサッカー。最初の試合は、ほぼ何もできず棒立ち状態。試合もボロボロで10対0の大敗。

それから4年。空気がひんやりとしているが気持ちのいい朝、息子とサッカーの練習に出かけました。その日の試合は、午後にキックオフ。父親が息子より前のめりになって、軽めの調整を行います。誰もいない公園で、朝から熱が入りました。ここまでも十分幸せな時間。帰りに近くの神社に立ち寄り「今日も一日ありがとう」と、感謝のお参りです。そこにちょうどいい太陽の光が差し込み、朝からセロトニンが分泌しまくりです。

いよいよ午後に試合開始。妻は息子の試合に私ほど期待はしていません。当日は3歳の次男の面倒をみるために、試合には来る予定がありませんでした。しかし、どうにも気になったのか、連絡なしに試合会場に来てびっくり。妻は4年前とは見違える息子のプレーを見て感動しているようです。次男もお兄ちゃんの応援に真剣。家族が一丸となって応援します。

試合は惜敗に終わりましたが、悔しさはありません。長男も納得のいくプレーができたのか満足気でした。家族が長男のサッカーの試合を通じてつながり、夜は妻の手づくりハンバーグで打ち上げパーティーです。愛情ホルモン、オキシトシンがたっぷり分泌。そして4年間コツコツと一緒にしてきた朝練の成果が出てきたことで、私の体でも「達成感」ドーパミンが出ていました。サッカーの試合に自分が出ていなくても、最高の満足感を得ていたのです。

誰かに注目されて目立つ必要はありません。SNSの「いいね」も、大成功もいりません。誰かと比較して、ではなく、自分一人にとって幸福度の高い一日をたくさん作ればいいのです。

私もまだまだやりたいことがあります。次男の少年サッカーを見たら、次は孫がスポーツでもしたらその試合の観戦という「目的地」があります。どれも平凡かもしれませんが、誰がどう言おうが私にとってはとても大事なことです。そのためには、いつからかではなく「今日」から、一日でも長く心身ともに健康でいられるように気を付けます。

最後になりますが、今回書籍を出させていただくにあたり本当にたくさんの方々のお力をいただきました。編集を担当していただいたかんき出版の杉浦博道さんには感謝の言葉しかありません。また、高橋朋宏さんはじめとするブックオリティの皆さま、そして日本財託の坂元寛和さんとチームのメンバー関根純さん、柳澤杏奈さん、そして取材協力いただいた多くの方々にお礼を言わせてください。ありがとうございました。

いつも応援してくれる妻と二人の息子には、存在だけでも感謝です（息子たちよ、このお父さんの本、いつか読めよ！）。

2021年4月

横手彰太

【著者紹介】
横手　彰太（よこて・しょうた）

◉――1972年生まれ。オランダ、スペイン、北海道のニセコなどを転々とし、現在は東京在住。海外・国内と様々な地域で暮らすことで、老後の生活スタイルについて、各地で異なる様子からも考える機会に恵まれた。
◉――現在は、老後問題解決コンサルタントとして活動。不動産会社の日本財託に勤務し、相続など資産の問題をはじめ、数多くの老後問題に遭遇、解決に導いてきた。特に家族信託のアドバイスに定評がある。
◉――1000人以上から相談を受け、250組以上の家族会議にも参加し、のべ約79億円以上の財産管理をサポート。顧客は、30億円所有の資産家、医師、元国会議員、大学教授、農業を営む方まで幅広い。
◉――NHK『クローズアップ現代＋』（２回出演）、テレビ朝日『ワイド！スクランブル』をはじめ、メディアに多数出演。

◆著者紹介サイト
https://www.nihonzaitaku.co.jp/old_age/index.html
◆日本財託
http://www.nihonzaitaku.co.jp/
◆Twitter：@yokoteshota
https://twitter.com/yokoteshota

老後《ろうご》の年表《ねんぴょう》
人生後半《じんせいこうはん》50年《ねん》でいつ、何《なに》が起《お》きるの…？　で、私《わたし》はどうすればいいの??

2021年４月５日　　第１刷発行
2021年10月５日　　第４刷発行

著　者――横手　彰太
発行者――齊藤　龍男
発行所――株式会社かんき出版
東京都千代田区麴町4-1-4 西脇ビル　〒102-0083
電話　営業部：03(3262)8011㈹　編集部：03(3262)8012㈹
FAX　03(3234)4421　　　振替　00100-2-62304
https://kanki-pub.co.jp/
印刷所――シナノ書籍印刷株式会社

ISBN978-4-7612-7539-6 C2030